나는 진정 나답게 살고 있는가
나의 존재 이유는 무엇인가
상처 입은 세상, 희망을 가져도 되는가

 진정한 나를 찾기 위해 철학에 길을 묻다

나를 만나는 시간

나를 만나는 시간

초판 1쇄 발행 2015년 8월 20일
초판 4쇄 발행 2018년 12월 17일

지은이 이주향
펴낸이 문채원
편집 오효순
마케팅 이은미

펴낸곳 도서출판 사우
출판 등록 제2014-000017호
주소 서울시 양천구 목동동로 50, 1223-508
전화 02-2642-6420
팩스 0504-156-6085
전자우편 sawoopub@gmail.com

ISBN 979-11-952862-5-6 03100

· 이 도서의 국립중앙도서관 출판예정도서목록(CIP)은 서지정보유통지원시스템 홈페이지
 (http://seoji.nl.go.kr)와 국가자료공동목록시스템(http://www.nl.go.kr/kolisnet)에서
 이용하실 수 있습니다.(CIP제어번호: CIP2015020528)

나를
만나는
시간

온전한 나로 살기 위한 철학의 지혜

이주향 지음

사우

내 삶의 주인으로 사는 방법

나는 할아버지를 닮은 모양이다. 삼촌이, 고모가, 동생이
넌 할아버지를 닮았다는 얘기를 많이 한다. 난 그 말이 싫지
않다. 아직도 나는 문득문득 할아버지가 보고 싶다.

친구들은 할머니나 어머니에게 옛날 얘기를 들었다는데
나는 할아버지와 삼촌에게 옛날 얘기를 들으며 성장했다. 대
가족 제도의 덕이었다. 할아버지는 첫 손주인 나를 앉혀 놓고
옛날 옛적 아주 먼 옛날에 말이야, 로 시작되는 많은 이야기
를 술술 풀어냈다. 해와 달이 된 오누이, 콩쥐 팥쥐, 흥부 놀
부, 은혜 갚은 까치 등 할아버지의 이야기 주머니는 마른 적
이 없었다.

생각해보면 그때 할아버지도 이야기를 듣는 나만큼 행복
하지 않으셨을까? 할아버지 얘기에 눈을 반짝거리며 하나의

이야기가 끝나기 무섭게 또 다른 이야기를 기다리는 지극한 신도가 있었으니.

초등학교 2학년 때 그 행복한 생활은 끝났다. 할아버지가 시골로 내려가신 것이다.

주향아, 나 죽으면 어떻게 울지 한번 울어봐라….

그것은 유언이었다. 돌아가시기 전 내가 들은 할아버지의 마지막 말이었으니. 할아버지는 여윈 얼굴로 환하게 웃으시며 다리를 주무르는 내게 당신이 죽으면 어떻게 울거냐 물으셨다. 죽음을 앞둔 할아버지의 유머 감각이었다. 그때 나는 멋쩍어 웃었고 할아버지는 내가 멋쩍어 하는 것을 보고 재밌어 하며 웃었다.

그런데 진짜 할아버지가 가신 것이다. 할아버지 가신 87년 겨울, 나는 정말 펑펑 울었다.

할아버지는 어디로 가셨을까. 할아버지가 가고 11년 후에 할머니도 가셨다. 그 후에 아버지도 세상을 떴다. 내게 울타리가 되었던 소중한 사람들이 그렇게 하나둘 떠났다.

그들은 어디로 갔을까. 언젠가 나도 가야 할 곳, 그곳으로 갈 때 나는 편히 갈 수 있을까.

요즘 나는 시간이 날 때마다 사경을 한다. 연필로 또박또박 한 자 한 자를 쓰다 보면 그냥 훌쩍 읽고 지날 때와는 완전히 다른 느낌이다. 한 문장 한 문장에 집중하게 되고 집중한 만큼 음미하게 된다. 문장에만 집중하게 되는 것이 아니라 내 마음에도 집중하게 된다. 요즘 사경하고 있는 〈초발심자경문〉에는 이런 문장이 있다.

三日修心千載寶
百年貪物一朝塵

3일 동안 마음을 닦는 것은 천 년의 보배요,
백 년 동안 탐한 재물은 하루아침에 티끌이다.

3일 동안 마음을 닦는 일이 백 년 동안 재물을 쌓아두는 것보다 낫다는 것이겠다. 비교할 수도 없을 정도로.
물론 살면서 돈은 필요하다. 돈은 먹고살기 위해서 뿐 아니라 각박해지지 않기 위해서도 중요한 삶의 조건이다. 그것은 관계의 윤활유고, 때로는 물질로 표현되는 마음 자체이기도 하다.
그러나 돈을 탐하며 살 일은 아니다. 그것이 하루아침에 티끌이 되는 시간이 오고 있다. 아무리 돈이 많은 재벌이라도 온 그대로 빈손으로 가야 하는 그 시간이 온다. 마침내 오고, 빠르게 온다.

우리의 어리석음은 검은 옷의 예를 갖추고 남의 장례식장을 자주 찾아가면서도 우리도 죽는다는 사실을 잊고 있는 것이다. 죽은 그 사람이 나이가 많아서, 병이 있어서, 사고로 죽은 것일 뿐 나와는 상관없는 일이라고 생각하고 편하게 문상한다.

그러나 무심한 세월은 빠르게 흐르고, 내 사진이 거기 장례식장에 걸려 있게 되는 시간이 온다. 그 시간에 나는 평정을 찾을 수 있을까. 할아버지처럼 유머 감각을 가질 수 있을까.

죽음을 외면하고는 삶을 제대로 파악할 수도 없고 제대로 살 수도 없겠다. 다람살라에서 기적적으로 만난 달라이 라마 존자에게 들었다. 죽음을 무시하고 제대로 살 수 없다!

그때 나는 마치 내 할아버지 얘기를 듣던 어린 시절의 나처럼 하나도 흘리지 않고 그 말씀을 심장에 간직했다. 왜 헤겔이 미네르바의 부엉이는 황혼이 되어서야 비로소 날기 시작한다고 했겠는가. 황혼의 아름다움은 마지막이란 데서 온다. 그것은 죽음을 성찰하게 되는 거기에서 비로소 중요한 지혜가 깃든다는 뜻이 아닐까.

늘 젊어야 하고, 늘 잘나가야 하고, 늘 멋있어야 한다고 생각하는 건 강박증이다. 그것은 자신의 삶을 남의 시선이라는 불안한 모래밭에 건설한 것이다. 그런 강박증을 앓고 있는 한 자신의 한계를 인정하기 어렵고 마음으로 돌아오기 어렵고 자신과 화해하기 어렵다. 있는 그대로의 자신을 인정하는 거기에서 성찰의 부엉이가 활동하기 시작한다. 그래야 남의 시선이 아닌 자기 마음이 보이기 시작하고, 자기 마음을 봄으로써 남의 마음도 왜곡시키지 않을 수 있다.

인문학은 궁극적으로 마음을 닦는 것이다. 요즘 대학에서는 인문학이 위기라는데, 사회 한쪽에서는 인문학 열풍이 분다. 기업에서는 인문학을 '블루오션'으로 생각하고 관심을 갖는 것 같다. 역사를 알면 정책 모델을 찾을 수 있고, 예술작품을 알면 광고에 활용할 수 있겠다. 철학을 하면 명료한 사고를 할 수 있고, 심리학을 알면 관계를 풀어가는 기술이 늘 수 있겠다.

그러나 인문학의 궁극은 그런 쓸모 너머에 있다. 인문학의 궁극은 자기성찰이고, 수심(修心)이다. 바깥으로 향하던 시선을 안으로 거둬들이는 법을 배우는 것이다. 그것을 배우다 보면 내게 일어난 모든 일은 내가 겪어야 하는 일이라는 걸 깨닫게 된다.

젊은 시절 나는 내 마음대로 되지 않는 지인들을 보면 안타까웠다. 우리의 선한 의지대로 되지 않는 세상에 대해서 분노하며 고통스러워했다. 나는 내가 만나는 사람들, 내가 접한 세상에서 아무것도 바꾸지 못한 채, 그저 사랑한 만큼 지옥을 경험해야 하는 이상한 법칙을 운명이라 여기며 마음을 끓인 것이다.

내 스승이 말씀하셨다. "사람 욕심내지 마라. 차라리 욕심내고 화내고 상처받는 나의 마음자락을 살펴라. 욕심은 내가 좋아하는 것을 보고 그릇된 마음을 내는 것이고, 화를 내는 것은 내가 싫어하는 것을 보고 그릇된 마음을 내는 것이다."

문제는 나에게, 내 마음에게 있었다. 동일한 경험이 옷만 바꿔 입고 계속 찾아드는 것은 그런 경험 패턴 속에서 내가 아무것도 배우지 못했기 때문이다. 마음으로 배울 때까지 경험은 반복된다.

시선이 나의 마음으로 돌아오니 그동안 내가 내 마음을 얼마나 옥죄고 있었는지가 보였다. 선의 이름으로, 당위의 이름으로, 죄책으로, 바로 내가 나 자신을 포박하고 있었던 것이다.

혹 해야 할 일은 분명히 아는데 하고 싶은 일이 뭔지는 모르지 않는지. 멀티태스킹을 순발력이라 생각하고 언제나 정신없이 이 일 저 일 하고 있지는 않는지. 남의 일에 깐죽거리며 남 비난만 하면서 그것을 똑똑함의 증거라 믿고 있지는 않는지.

그런 것은 순발력도, 명석함도 아니다. 그것은 죄다. 산란한 죄, 좌충우돌한 죄, 나 자신을 돌아보지 못한 죄!

그런 죄를 많이 지으며 알게 된 것이 있다. 무엇보다도 나를 위한 시간을 줘야 한다는 것! 눈물 흘릴 시간, 웅크릴 시간, 망각할 시간, 나를 온전히 받아들이는 시간, 나를 돌보는 시간!

나처럼 우왕좌왕하며 살아온 당신에게 이 책이 가닿기를 바란다. 그리하여 당신 자신을 돌보는 귀한 시간을 마련하는 계기가 될 수 있다면 행복하겠다.

이 책에 실린 대부분의 원고는 '이주향의 달콤쌉싸름한 철학'이란 이름으로 〈동아일보〉에 연재했던 것이다. 그리고 포스코 신문 〈프리즘〉에 연재한 내용도 있다. 내가 진행하는 KBS 1라디오 프로그램 〈이주향의 인문학 산책〉의 김병진 부장, 민노형 피디, 박유정 작가의 도움도 컸다. 〈인문학 산책〉에서 가장 중요한 코너가 인문고전의 숲인데, 거기서 고전으로 선정되어 방송된 것 중에 내 마음에 닿는 것을 내 시각으로 〈프리즘〉에 연재했다. 《도덕경》, 《서경》, 《초한지》, 《소학》, 《서유기》 등이 그것이다. 다시 한 번 그 인연에 감사드린다.

이주향

2장 … 어떤 삶을 살 것인가

3장 ··· 희망해도 되는가

1장

나는 누구인가

우주는
왜 나를 공들여
키웠을까

지구의 나이는 46억 살, 우주의 나이는 138억 살입니다. 어마어마해서 아예 현실감이 없는 숫자를 적어놓고 나니 백 년도 못 사는 인생이 뭔가, 싶습니다.

과학 교양서의 고전이라고 할 수 있는, 칼 세이건의 《코스모스》라는 책이 있습니다. 영화 〈인터스텔라〉를 만든 크리스토퍼 놀란 감독이 좋아했다는 그 책입니다. 우주의 나이를 1년으로 축소해보니 재미있네요. 지구의 탄생은 9월 14일, 공룡의 탄생은 크리스마스이브, 꽃의 탄생은 12월 28일입니다. 그렇다면 인간은? 인간의 탄생은 12월 31일 밤 10시 30분경이라고 합니다.

역사를 추적해봐도 인간이라는 존재는 한없이 어리고, 공간적으로 봐도 지구는 너무나 평범합니다. 1990년 2월 14일, 우주 탐사선 보이저 호가 64억km 밖에서 지구를 찍어 보낸 사진을 기억하시는지요. 70억 인구가 복작복작 살고 있는 이 지구가 우주에서는 다만 창백한 푸른 점(Pale Blue Dot)에 불과했습니다. 이 사진을 찍도록 진두지휘한 칼 세이건은 그 의도를 이렇게 말했습니다.

"나는 사람들에게 지구라는 행성이 광활한 우주에 떠 있는 보잘것없는 존재라는 것을 알려주고 싶었습니다."

지구가 그렇고 인간이 그럴진대 그중 한 사람인 '나'라는 존재는 그야말로 점입니다. 있다고 하니까 있는 거지 보이지도 않는 점! 실제로 칼 세이건은 인간을 '별 먼지'라고 말했습니다. 별들의 관점에서 보면 하찮기 그지없는 존재일 거라는 거지요.

"별들의 일생에 비한다면 사람의 일생은 하루살이에 불과하다. 단 하루의 무상한 삶을 영위하는 하루살이의 눈에는 우리 인간들이 아무것도 하지 않으면서 그저 지겹게 시간이 가기만을 기다리는 한심한 존재로 보일 것이다. 한편 별들의 눈에 비친 인간의 삶은 어떤 것일까? 아주 이상할 정도로 차갑고 지극히 단단한 규산염과 철로 만들어진 작은 공 모양의 땅덩어리에서 10억 분의 1도 안 되는 짧은 시간 동안만 반짝

하고 사라지는 매우 하찮은 존재로 여겨질 것이다."

인간의 일생이 하루살이와 다를 바 없다니 괜히 허무합니다. 19세기 유럽에 불었던 허무주의 바람이 괜한 것이 아니지 싶습니다.

그러나 다른 차원에서 보면 그 허무의 바람이야말로 정화(淨化)의 바람이기도 합니다. 먹고살기 위해 눈뜨는 순간부터 기계의 부속품처럼 움직이는 우리에게 인생은 길지 않고, 그런 세상이 다가 아니니 눈을 들어 하늘을 보라는, 바람이 전하는 말일 수 있겠습니다.

현대 사회는 사람을 근시안으로 만듭니다. 멀리 보고 길게 보며 사는 것을 방해합니다. 하루 단위, 시간 단위로 할 일을 해야 하는 우리는 잘나가는 사람일수록 '바쁘다'는 말을 입에 달고 삽니다. 몸속 시계가 작동하기 전에 알람에 맞춰 일어나, 깨지 않은 잠을 커피로 깨우고, 지옥철에 몸을 싣고 일터로 나가는 인생을 그래도 축복받은 인생으로 여기는 사회 아닌가요. 상황은 언제나 복잡하고 몸은 늘 피곤하며, 마음은 한순간도 평화를 모른 채 산란하기만 합니다.

그런 우리에게 《코스모스》는 눈을 들어 하늘을 보라고 권합니다. 그러면 우주의 나이 138억 년이 빚어낸 오묘한 세계가 내 앞에 펼쳐져 있다고 말입니다. 당신은 46억 년의 세월이 기다려온, 태양이 피워낸 꽃이라고. 그러니 스스로를 귀하게 여기라고 말합니다.

세이건도 인간이 별 먼지는 별 먼지인데, '생각하는 별 먼지'라고 했습니다. 바로 생각함으로 세계를 품고 우주를 보는 존재라는 거지요.

우리가 속한 은하계만 해도 4천만억 개의 별이 있다고 합니다. 천문학자인 칼 세이건의 꿈은 우리와 다른 별에서 또 다른 문명을 건설한, 생각하는 별 먼지를 만나는 것이었습니다. 지구에만 생명이 산다는 건 우주적 관점에서 보면 엄청난 공간 낭비일 테니.

그러나 철학자인 나의 꿈은 '나'를 만나는 것입니다. 내 속에 무엇이 있어 우주가 겁의 시간이라고 해도 좋을 기나긴 시간 동안 공들여 나를 키웠는지 그걸 알고 싶은 것입니다.

모든 문이
닫힐 때
해야 할 일

한 문이 닫히면 다른 문이 열린다는 말, 따뜻한 말이라기보다 무서운 말이지요. 내가 쓴 책 서문에 그 문장을 썼더니 한 친구가 찾아와서 푸념을 합니다. 한 문은 닫혔는데 다른 문은 열리지 않았다고요. 농담처럼 푸념한 거라 편하게 받았습니다. "너, 그거 닫힌 것도 아니고 닫은 것도 아니야. 그냥 우왕좌왕하는 거지" 하며 웃었습니다.

스물이 되면, 서른이 되면 인생을 알게 될까 했는데, 사는 건 여전히 간단치 않지요? 세상은 안간힘을 쓸수록 빠져드는 늪과 같다고, 열심히 살았는데 문은 열리지 않는다고 울고 싶어 하는 사람이 많습니다.

낭만도 반납하고 정의도 외면하고 오로지 취업을 향해 질

주했건만 취업을 하지 못하는 청춘들, 취업은 됐어도 비정규직의 불안을 안고 살아야 하는 젊은이들은 왜 이리 많은지요. 남들이 부러워하는 대기업에서 근사해 보이는 일을 하지만 정작 본인은 오디션 프로그램의 참가자처럼 언제 낙오될지 모르는 두려움에 외줄 타는 심정으로 살고 있다고 하는 인생도 많습니다.

'9988, 아흔아홉 살까지 팔팔하게'를 믿음처럼 희망처럼 품고 있으나 세계사에서 유례가 없는 길고 긴 '일 없는 노년'은 어찌하나요? 사실 일 없이 잘살 수 있으면, 편안히 자신을 경영할 수 있으면 그게 바로 도인이지요. 그런데 평생을 일만 했는데, 그래서 일밖에 할 줄 모르는데 긴긴 노년을 일 없이 보내야만 한다면, 장수의 축복이 어찌 온전히 축복일 수만 있겠습니까.

아무래도 지독한 불안과 불신과 두려움이 우리 사는 세상의 공기인가 봅니다. 그 탁한 공기를 호흡하느라 캄캄하고 괴로울 때 당신은 어떻게 하십니까.

실존주의자 카뮈, 좋아하시나요? 문이 닫혀 아예 세상 밖으로 쫓겨났다고 느꼈을 때 카뮈가 한 일은 닫힌 문에 미련을 두지 않고 오히려 안에서 문을 꼭 닫아거는 것이었습니다. 실제로 카뮈는 주류 인생이 아니었습니다. 제1차 세계대전

때 아버지가 세상을 떠나자 살 길이 막막해진 카뮈의 어머니는 어린 아들을 둘러업고 친정으로 갑니다. 문맹에다 가난했던 어머니는 아들의 울타리가 되어주지 못했습니다. 욕쟁이 외할머니, 폭력적인 외삼촌 밑에서 감수성이 예민한 소년은 눈을 감고, 귀를 막고, 입을 닫아버립니다.

그를 스타로 만든 작품《이방인》은 어머니 부음 소식을 듣고도 통곡은커녕 눈물 한 방울 흘리지 못하는 뫼르소의 이야기로 시작하지요. 그건 세상을 향해 문을 닫아걸었던 카뮈의 모습입니다. 그의 청춘엔 존재 이유가 없었고, 그의 세상엔 부조리만이 가득했습니다. 희망도 없고, 믿음도 없고, 열정도 없었던 그는 지독한 두통 속에서 죽지 않기 위해 자신을 들여다보게 됐고, 그렇게 열린 문이《이방인》입니다. 당연히《이방인》은 스스로를 자기 안에 가둘 수밖에 없었던 카뮈가 온 몸으로, 피로 쓴 자신의 이야기라 하겠습니다.

당장은 한 문이 닫히면 모든 문이 닫힙니다. 출구가 없는 거지요. 보이지 않는 출구를 찾기 위해 우왕좌왕하다 보면 급해지기만 합니다. 우왕좌왕하느라 성급하게 구는 것은 순발력이 아니라 죄입니다. 좌충우돌하는 죄, 나 자신을 돌볼 줄 모르는 죄!

나 자신 그런 죄를 많이 지으며 알게 된 것이 있습니다. 무엇보다도 내게 시간을 줘야 한다는 거! 눈물 흘릴 시간, 웅크릴 시간, 망각할 시간! 그런 시간 없이 어떻게 거듭나겠습니까.

뱀이 변화와 지혜의 상징인 것은 허물을 벗기 때문이지요. 뱀이 허물을 벗듯 허물을 벗고 거듭나는 것, 그것이 다른 문이 열리는 것일진대, 이제는 '나'를 믿고 내게 시간을 허락해보렵니다. '나'를 온전히 받아들일 시간, '나'를 좋아할 시간!

허무와 절망의
세상을
건너는 법

줄타기를 하는 심정으로 확인했습니다. 세계는 하나라고. 박쥐의 아픔이 낙타의 아픔이 되고 낙타의 아픔이 인간의 아픔이 되고 있었습니다. 어제 중동의 불행이 오늘 우리의 불행이 되고, 어제 그의 불운이 오늘 우리의 불운이 됐지요. 그리고 그것이 내일 또 나의 불운이 될까봐 두려운 마음으로 하루에도 수십 번 손을 씻었습니다.

메르스가 돌 때 나는 카뮈의 《페스트》가 생각났습니다. "페스트 사태를 선포하고 도시를 폐쇄하라"라는 전투적인 문장이 아직도 기억에 남네요. 이제 보니 그 소설은 관념이 아니라 실제 상황이 되었습니다.

알제리의 해변 도시 오랑에서 쥐 떼가 죽어가기 시작합니다. 곧 이어 사람들도 죽어나갑니다. 페스트 사태로 도시가 폐쇄되지요. 갇힌 도시! 도시 밖 사람들이 도시 안으로 들어올 수는 있지만 도시 안에서는 도시 밖으로 나갈 수 없습니다. 전염병이니까요. 나갈 수 없는 그 오염된 도시로 누가 들어올까요? 목숨 바쳐 사랑하겠다고 맹세한 연인도 안타까워만 할 뿐 연인을 찾아 오염 속으로 들어가지는 않습니다. 그 오염 속으로 걸어 들어간 사람은 딱 한 사람, 오랜 세월 결혼 생활을 해온 늙은 의사 카스텔뿐이었습니다. 그는 조용히 그간 지지고 볶으며 살아온 부인을 찾으러 갑니다.

메르스 사태에 움츠려 있는 동안 다시 한번 인간의 조건을 생각했습니다. 톨스토이가 그의 《참회록》에서 인용했던 안수정등(岸樹井藤)의 상황, 그것은 원래 《불설비유경》에 들어 있는 이야기였습니다.

나그네가 들판에서 성이 난 코끼리를 만났습니다. 두렵다고 생각할 정신도 없이 있는 힘을 다해 도망치고 있던 나그네는 우물 하나를 발견했습니다. 그는 우물가에 있는 등나무 넝쿨을 타고 우물 속으로 내려가 몸을 숨깁니다. 그런데! 넝쿨에 의지해 내려가다 보니 우물 속 사방에서 독사가 혀를 날름거리며 나그네 내려오기를 기다리고 있습니다. 물속에서는 독룡이 나그네를 노려보고 있지요. 더 기막힌 것은 그가 잡고 있는 넝쿨을 흰쥐, 검은 쥐 두 마리가 쏠고 있는 것입니다.

내려갈 수도 없고, 올라갈 수도 없고, 멈춰서 있을 수도 없는 상황입니다. 그 위태로운 상황에서 안간힘을 쓰며 매달려 있는데 갑자기 이마에서 입속으로 꿀이 흘러들어 갑니다. 나무의 벌집에서 꿀이 흐른 겁니다. 나그네는 매달린 채로 꿀맛에 취해 있습니다. 《불설비유경》은 그 상황을 인간의 상황으로 본 것입니다.

톨스토이는 왜 저 안수정등 이야기를 좋아했을까요? 하찮은 꿀에 값싼 위로를 받는 허무한 인생에 대한 경고일까요? 나는 아니라고 생각합니다.

우리네 인생은 분명히 예정된 파멸을 향해 치달아가고 있습니다. 그렇기 때문에 영원히 살 것처럼 욕심을 부리는 인생도 어리석지만, 종말만을 염두에 두고 두려움에 사로잡혀 쉽게 자포자기하는 인생도 보기 싫습니다.

분명 인생은 유한하지요. 우리는 무엇인가를 배우기 위해 지구별에 왔습니다. 배우기 위해서는 현재에 충실해야 합니다. 만남에 집중하지 않고 딴생각을 하고 있는 사람과는 다시 만나고 싶지 않습니다. 만남에 집중하기 위해서는 상대의 말에 귀를 기울여야 하고, 상대가 묻는 말에 진심으로 답하기 위해서는 나 자신에게 귀를 기울일 수 있어야 합니다. 나는 지금 무엇에 관심이 있고, 어디를 향해 가고 있는지, 나는 지금 어떠한지. 나에 대해 진지하지 않고 상대에게 진지할 수는 없는 일입니다.

근대 이후 우리 선불교의 최고 선승이라고 하는 용성선사가 전강선사에게 물었습니다. 우물 속에 갇힌 나그네가 어찌하면 출신활로(出身活路)할 수 있을까. 전강선사는 이렇게 답했다고 합니다. "달다!"

전강의 "달다!"는 달콤한 꿀에 집착해 안수정등의 상황을 잊고 있는 어리석음이 아니겠지요. 그것은 차라리 살 궁리를 하면 할수록 까마득한 절망만 찾아드는 허무의 상황에서 동요하지 않고 두려워하지 않고 있는 그대로의 세계를 받아들이는 태도겠습니다. 그것은 독룡 같은 삶이 '나'를 잡아먹으려 할지라도, 달려드는 코끼리 같은 몰락이 그 큰 힘으로 '나'를 치려 할지라도, 무소의 뿔처럼 당당하게 자기 자신이 되는 사람의 이야기 아니겠습니까.

**"나는 내 방식대로
살기 위해
태어났다"**

"덕은 외롭지 않다. 반드시 이웃이 있다."

공자가 한 말인데, 놀랍게도 평생 고독을 사랑하며 살아간 소로●가 좋아했던 문장입니다. 소로는 고독하게 살았으면서도 외롭지 않았나 봅니다. 결혼도 하지 않았고, 매일 출퇴근하는 직장도 없었는데, 도대체 소로는 어떻게 살았기에 외롭지 않았을까요?

간디가 좋아했던 소로의 문장을 보면 그의 심지가 느껴집

● 헨리 데이비드 소로(Henry David Thoreau, 1817~1862년). 미국의 철학자이자 수필가. 평생 부당한 제도와 권력에 저항하며 살았다. 노예제도와 멕시코전쟁에 반대해 월든 숲에서 혼자 오두막을 짓고 살기도 했다. 숲속 생활을 기록한 책 《월든》은 아직도 전 세계 수많은 이들에게 영향을 미치고 있다.

니다. 소로의 저서 《시민의 불복종》에 나오는 문장을 볼까요.

"우리는 국민이기 이전에 먼저 인간이어야 한다. 법에 대한 존경심을 기르기 이전에 정의에 대한 존경심을 길러야 한다고 나는 생각한다. 나는 내가 옳다고 믿는 일을 행하는 일이 나의 사명이라고 믿는다. 나는 강요받기 위해 태어난 것이 아니다. 나는 내 방식대로 숨을 쉬고, 내 방식대로 살아가기 위해 태어났다."

소로는 인종 차별에 반대했습니다. 인간을 가축처럼 매매하는 국가에 세금을 낼 수 없다면서 6년 동안 세금을 내지 않기도 했습니다. 자신이 낸 세금이 인종 차별과 전쟁 준비에 쓰이는 것에 반대해서 납세를 거부한 것이지요. 그 죄로 감옥에 갇혔으나 자신이 옳다고 믿은 신념을 철회하지 않고 저렇듯 자신의 생각을 정리한 겁니다. 그를 아꼈던 친척이 대신 세금을 내주는 바람에 풀려나기는 했지만 덕분에 저 문장들은 엄청나게 힘을 받아 톨스토이에게로, 간디에게로, 마틴 루터 킹에게로 전해졌습니다. 월든 호숫가에서 오두막 한 칸 짓고 자급자족하며 고독하게 산 젊은이는 무력한 사람이 아니라 심지 굳은 젊은이였던 것입니다.

소로는 19세기 중반 미국에서 하버드 대학을 나왔고, 잘나가는 사업가의 자랑스러운 아들이었습니다. 그는 사업을 하라는 아버지 말에 "그렇게 시간 낭비하며 살고 싶지 않다"며 월든 호숫가로 들어갑니다. 유유자적, 계절의 변화를 살펴보는 것만으로도 우리가 할 일은 충분하다며 자기 촉수를 믿고 자기 방식에 따라 세상을 살았던 인간 중의 인간이었습니다. 그의 저항은 저항을 위한 저항이 아니라 제대로 살기 위한 저항이었던 것입니다.

그에게 자연은 뱃심을 키워주는 든든한 친구였던 것 같습니다. 그는 《월든》에서 사계절을 벗 삼아 우정을 즐겼다고 쓰고 있습니다. 땅을 일궈 경작하는 기쁨, 바람과 함께 울 때 슬픔이 바람에 날아가는 것을 느끼는 기적, 신선한 아침 공기 한 모금에 행복해져 미소를 짓게 되는 마음의 부드러움, 그런 것들로 풍요로워진 그가 말합니다. 간소화하고 간소화하라고. 불필요한 것으로 삶을 어수선하게 하지 말라고.

필요하다고, 예쁘다고, 보이는 대로 자꾸 사들이느라 우리의 집은 늘 불필요한 것으로 넘쳐나지 않나요? '자발적 가난'으로 회자되는 소로의 책을 읽다 보면 넘쳐나는 물건, 괜한 약속, 할 일 없을까 두려워하는 불안 등, 너저분한 것을 무겁게 짊어지고 낑낑거리며 사는 '나'를 돌아보게 됩니다. 혹 나는 내 인생을 설명하는 유일한 형용사가 '바쁘다'인 가난한 인생은 아닌지, 하여.

무엇보다도 우선 '나'의 공간을 스스로 청소해보시지요. 책상도 정리해보고, 옷장도 정리해보면 이상하게 마음도 깨끗해지고 시원해집니다.

그나저나 옷장 정리, 책장 정리를 직접 해보셨나요? 하나하나 늘어난 옷은 어느덧 옷장 하나를 더 요구하고, 한 권 한 권 늘어난 책은 어느덧 책장 하나를 더 요구하지요. 그래서 내가 방에서 사는 것이 아니라, 책이 방에서 살고, 옷이 방에서 사는 듯한 집도 많습니다.

철 지난 옷을 정리하다 보면 3년 동안 한 번도 입지 않은 옷도 많습니다. 캐런 킹스턴이 그의 책 《아무것도 못 버리는 사람》에서 한 얘기가 있습니다. 쓰지 않는 물건은 아무리 비싼 물건이라고 해도 그 자체가 잡동사니인 거라는 얘기! 그렇게 잡동사니가 쌓이기 시작하면 그게 바로 삶의 비만입니다. 즉, 우리 삶에 문제가 생기기 시작한 증거라는 겁니다.

왜 우리는 버리지 못할까요?

직접적인 이유는 그것이 언젠가 필요할지도 모른다는 생각에서지만, 실제로는 삶을 믿지 않는 겁니다. 내가 준비하지 않으면 생이 나를 책임지지 않을 거라는 자폐증적인 생각! 그래서 우리는 3년 동안 입지 않은 옷을 옷장 속에 넣어두고, 10년 동안 읽지 않은 책을 서가에 꽂아두는 겁니다. 그러니 책장 하나 늘어날 때마다 그만큼 권위적으로 변하는 것이고, 옷장 하나 늘어날 때마다 그만큼 속물적이 되는 겁니다.

쓰지 않는 물건, 입지 않는 옷, 보지 않는 책을 솎아내다 보면 이상하게도 그 공간을 사랑하게 되고, 그 공간을 사랑하는 나를 사랑하게 됩니다. 그만큼 내가 가뿐해지고 그만큼 힘이 붙는 걸 느끼게 됩니다.

우리에게는 화장하는 시간뿐 아니라 화장을 지우는 시간, 양복을 입는 시간뿐 아니라 '추리닝'을 입고 있는 시간도 필요합니다. 행동하는 시간이 아니라 쉬는 시간, 웃고 떠드는 시간이 아니라 혼자만의 시간, 나서는 시간이 아니라 정리하는 시간 말입니다. 그 시간이야말로 삶의 비만을 다이어트 하는 시간이 될 것입니다.

그렇게 가뿐해진 자리에서만 인생의 존재 이유를 묻게 됩니다. 소로는 인생의 존재 이유는 영적인 성장을 추구하는 데 있다고 했습니다. 영적인 성장이라는 게 무슨, 교회에서 살거나, 세속을 떠나는 것이겠습니까? 아마 그는 경작하며 산책하며 사색하며 자연에 살며 자연을 지켜보면서 자연에 깃들인 신성을 발견하고 느끼는 자기 자신을 발견함으로써 자신이 성장하고 있음을 느끼고 생에 감사했을 것입니다. 그가 말합니다.

"왜 우리는 성공하려고 그처럼 필사적으로 서두르며, 그처럼 무모하게 일을 추진하는 것일까? 어떤 사람이 또래들과 보조를 맞추지 않는다면 그것은 아마 그가 그들과는 다른 고수의 북소리를 듣고 있기 때문일 것이다. 그가 듣는 음악에 맞춰 걸어가도록 그 사람을 내버려 두라. … 그가 남과 보조를 맞추기 위해 자신의 봄을 여름으로 바꿔야 한단 말인가."

'나'만이 듣고 있는 북소리가 있나요? 그것이 바로 '나'의 고유성을 만드는 것입니다.

운명을
사랑한다는
것

친구의 배신으로 마음에 상처를 입고 웅크리고 있는데, 대범하지 못하게 그만한 일로 무슨 상처냐, 툭툭 털고 일어나야지, 하고 충고하는 사람은 통 큰 사람이라기보다 무딘 사람일 확률이 높습니다.

철학의 아버지라 일컬어지는 탈레스는 이렇게 말했습니다. 세상에서 가장 어려운 일은 자신을 아는 일이고, 세상에서 가장 쉬운 일은 남에게 충고하는 일이라고.

살다 보면 상처 입을 일이 많지요. 세상은 넓고, 그 넓은 세상을 감당하기에 나는 너무 작으니까요. 그리고 또 의도치 않게 상처 주는 일도 많습니다. 그러나 상처 준 일은 눈에 들어오지 않는 것이 인간이니 또 어쩌겠습니까.

마음에 상처를 입었을 때 당신은 어떻게 하십니까? 의혹이라는 놈이 찾아와 분노의 불을 지피며 당신을 고통의 화택(火宅)으로 만들 때, 물이 끓듯 화가 끓고, 기름이 끓듯 속이 타들어갈 때 어떻게 하십니까? 불편하고 역겨운 사람과 상황을 그저 꾹 참고 견디십니까, 아니면 정의의 이름으로 응징하며 맞서 싸우십니까?

나는 혼자만의 공간으로, 나만의 동굴로, 침묵으로 도망 갑니다. 사람을 감당할 수 없을 때는 만나면 만날수록 오해가 풀리는 것이 아니라 불신만 부풀어 오릅니다. 만나서 풀리지 않을 때, 만날수록 얽히기만 할 때는 '대범'을 가장하고 만나는 것보다는 그릇이 작음을 인정하고 도망가는 게 좋습니다. 기대와 평판으로부터, 윤리와 의무로부터, 사람과 소문으로부터 완전히 혼자가 되어 마침내 내가 나를 대면할 수밖에 없는 시간에 도달할 때까지 말입니다. 키에르케고르에 따르면 그 시간이야말로 신 앞에 단독자로 서 있는 시간입니다.

키에르케고르는 아브라함을 신 앞에 선 단독자의 표상으로 보았습니다. 신이 명하자 아브라함은 이유도 모른 채, 아니, 이유도 없이 늦게 얻은 귀한 아들 이삭을 신에게 제물로 바치려 하지요.

신의 제단에 자식을 바치는 설화는 종종 있습니다. 승전을 위하여, 공동체의 안위를 위하여! 그러나 아브라함이 이삭을 바치는 행위엔 이유도 없고 명분도 없습니다. 그건 공동체를 위해서도, 가족을 위해서도, 아들을 위해서도, 심지어 자기 자신을 위해서도 아닙니다. 그 누구를 위해서도 아닌 것, 그래서 운명이라 할 수밖에 없는 것이 있지 않나요? 창세기는 그런 것을 신의 명령이라 표현하고 있는 것은 아닐는지요.

《공포와 전율》에서 키에르케고르는 말합니다. "사람들은 아브라함을 위해 울 수가 없다"고. 아니, 모리아 산에서 아들에게 칼을 들이댔던 그 행위가 알려질 경우 아브라함은 멀쩡한 아들을 죽이려 한 미친 아버지가 되어 돌팔매질을 당해야 할 것입니다.

그런데 어찌하여 키에르케고르는 신의 제단에 아들을 바치러 가는 아브라함에게 매료되었던 걸까요? 키에르케고르는 아브라함에게서 실존적 고뇌의 정수를 보았습니다. 상식으로도, 이성으로도, 사랑으로도 도달할 수 없는, 그렇다고 비상식으로도, 감성으로도, 증오로도 어찌해볼 수 없는, 스스로 제물이 되어야만 도달할 수 있는 그 어떤 생의 진실 말입니다.

아픈 만큼 성숙한다고 하지요. 성숙의 내면성은 아브라함이 이삭을 바치는 행위처럼 그 누구에게도 하소연할 수 없는, 아니 어쩌면 스스로도 이해하기 어려웠던 그 고독한 사태를

경험하면서 성장합니다. 자기만의 시간을 거치지 않고 삶의
고유성이 생기는 경우는 없으니까요.

이토록 깊고 큰 사랑, 받아보셨나요?

늘 옳은 말만 하는 경직된 사람보다는 슬쩍 잘못을 덮어 줄 줄 아는 온화한 사람에게 끌리지 않나요? 좋은 물건으로 넘치는 방보다는 있어야 할 것 외엔 아무것도 없이 정갈하게 정돈된 방이 편합니다. '왕후의 밥, 걸인의 찬'인 초라한 밥상을 부끄럼 없이, 차별도 없이 나눌 수 있는 사람이 좋습니다. 그러고 보니까 몸에서, 방에서, 물건에서 그런 기운을 뿜어내는 남자가 《레미제라블》의 미리엘 신부네요.

뮤지컬 영화 〈레미제라블〉 보셨습니까? 사는 건 힘겨운 전쟁, 세상엔 자비가 없다는 팡틴의 노래를 듣고 있자니 눈물이 나네요.

영화를 보고 나니 책 《레미제라블》을 읽고 며칠 동안 그 생각만 했던 20대 때의 감동이 깨어납니다. 영화에서는 잠깐이지만 원작에서 빅토르 위고는 미리엘 신부와 장 발장의 만남에 많은 공을 들였습니다.

삶의 모든 일이 표지라면 장 발장이 미리엘 신부를 만난 것은 변화의 예감이지요. 억울하게 당해야 했고 견뎌야만 했던 긴긴 인욕의 세월이 묵은 만큼 아픈 만큼 빛으로, 사랑으로 변하는 계기였습니다.

그러고 보니 잊고 있었던 게 있네요. 내 꿈은 내가 가꾼 화단이 있는 집에서 대문 걸어놓지 않고 사는 것인데, 그런 꿈을 갖게 된 것은 미리엘 신부 때문이었습니다. 그가 그랬으니까요.

나는 귀족이 와도, 걸인이 와도, 언제나 한결같이 검소한 식탁을 흔연하게 나누는 미리엘 신부가 참 좋았습니다. 그는 일용할 양식의 힘을 알고 있는 남자였습니다. 그와 함께라면 거친 빵과 수프 한 그릇도 신이 차려주신 훈훈한 만찬이 됩니다.

그의 유일한 사치는 손님이 올 때나 내는 은 식기와 은 촛대지요. 그는 가졌거나 못 가졌거나, 배웠거나 못 배웠거나, 행복하거나 불행하거나 차별 없이 그의 식탁으로 흘러들어온 인생을 기꺼이 대접합니다. 그의 은 식기는 사람을 귀히 여기는 자의 사랑입니다. 그것은 아마도 그가 촛대를 쓰는 자이기 때문이 아닐까요. 촛대는 어둠 속에서 스스로를 태우며 작은 빛을 내는 촛불의 집입니다. 잘 닦인 은 촛대는 정화의 힘을 아는 정갈한 자를 증거하기도 할 것입니다.

그 신성한 식탁에 사람대접을 받아본 적이 없는 암담한 죄수 장 발장이 앉게 된 것입니다. 모두들 위험하다며 경계하라고 하는데 신부만 괜찮다고 합니다. 하느님의 집은 고통 받는 사람을 차별하지 않는다며 재워주기까지 합니다. 위험하다고 한 사람들의 예감대로 장 발장은 은 식기를 훔쳐 달아나다 경찰에 잡혀 옵니다. 사람들이 혀를 끌끌 차는데, 신부는 자신이 준 선물이라고 하지요. 은 촛대도 줬는데 왜 가져가지 않았느냐고 되묻습니다. 그의 능청에 경찰도 의혹을 풀어버립니다.

어떤 이는 사랑도 숨 막히는 집착으로 바꾸지요. 소통하고자 하는 의지도 의혹으로 바꿉니다. 그런데 미리엘은 의혹을 평상심으로 바꾸고, 도둑질도 자비로, 사랑으로 바꿉니다. 위악적일 수밖에 없었던 장 발장이 위악의 가면을 벗고 말갛게, 괜찮은 자기 얼굴을 드러낼 수 있었던 건 괜찮은 사람 미리엘 덕분입니다. 미리엘은 긴긴 부조리의 세월을 마르지 않은 사랑의 에너지로 바꿔주는 마법사였습니다.

19년의 부조리가 모든 것을 견딜 수 있는 에너지로 전환된 큰 사람에겐 거칠 게 없습니다. 미리엘을 만나 전환점을 맞으며 장 발장은 우뚝 성장하고 고독 속에서도 빛이 나, 조용한 사랑, 깊은 사랑, 큰 사랑을 할 줄 아는 진정한 사내가 된 것입니다. 그렇듯 사랑은 사랑으로 흐릅니다.

따스한 사랑의 온기에 삶이 바뀐 적이 있으신지요? 억울해서 소화가 되지 않고 명치끝에 걸려 있기만 했던 버림받은 시간들이 그 온기로 인해 진실하고 다부진 에너지로 전환될 때 비로소 우린 '존재 이유'를 믿게 됩니다.

갠지스
강가에서
기도하다

7년 전 인도에 갔을 때 구걸하는 꼬마들이 많아 놀랐습니다. 7년 만에 다시 찾은 인도의 그 풍경은, 여전하네요. 이들은 성장하지도 않은 채 그때처럼 1달러를 구걸하러 모여듭니다.

한쪽에서는 목욕을 하고, 다른 쪽에서는 강의 신에게 예배를 드리고, 또 다른 쪽에서는 죽은 자를 화장하는 곳. 갠지스 강가는 여전히 시끄러운데, 왜 나는 여기를 또 찾은 걸까요. 무엇에 매료돼 1달러만 달라고 쫓아다니는 저 많은 아이들을 모른 척 외면하며 정신 놓치기 딱 좋은 이 소란한 곳을 걷고 있는 걸까요.

나는 확신합니다. 만약 이곳에 한국의 기독교가 들어온다면 구걸은 사라질 거라고. 구걸하는 에너지로 그들은 성실하

게 돈을 벌 것이고, 신상들을 파괴할 것입니다. 그리고 바라
나시는 매력을 잃을 것입니다.

7년 전 처음 갠지스 강가 둔덕에 자리 잡은 오래된 도시
바라나시에 왔을 때가 생각나네요. 나는 두 밤을 꼬박 새웠습
니다. 낯선 이국의 밤이 무서워서 잠들지 못했던 겁니다. 의
미도 모르는 만트라를 읊조리는 사제들이, 마차에 신상을 모
셔 놓고는 황홀경에 빠진 표정으로 마차를 따라다니는 젊은
이들이, 갠지스 강가에서 죽겠다고 거적을 쓰고 죽음을 기다
리는 사람들이, 활활 타오르는 화장터의 불길이, 학교는 가
지 않고 구걸하거나 장사하는 아이들이, 길거리에 누워서 어
른 행세를 하는 소들이 모두 이상하고 낯설기만 했습니다. 그
동안 봤던 인도에 관한 서적은 어떤 것도 도움이 되지 않았
습니다. 내게 바라나시는 세상의 신들이 다 모여 있는 무서운
도시였습니다.

돌아와서 한참 후에야 거기서 잠들지 못한 이유를 알았습
니다. 거기엔 바로 내가 두려워하는 것들이 있었습니다. 내가
두려워하는지도 몰랐던 것. 바라나시가 겨우 알게 해준 것.
그것은 바로 무지고, 가난이고, 신명이고, 죽음이었습니다.

아이들이 학교 다니지 않는 세상을 보지 못했던 나는 내가
무지와 가난을 두려워하고 있다고는 생각하지 못하고, 구걸

하거나 꽃을 파는 아이들이 불쌍하다고만 생각했지요. 그래서 그 아이들의 밝고 환한 표정을 놓친 것입니다. 이성(理性)에 기대 사는 것이 익숙한 나는 내가 신명을 모른다는 사실은 인정하지 못하고, 거리의 신명을 우상 숭배쯤으로 여겼던 것입니다. 전형적인 '투사(投射)'인 거지요. 자기 문제를 남에게 전가하는 것 말입니다.

알고 나니 투사를 그치게 되고, 투사를 그치니 그들이 보입니다. 인도에 가시면 1달러만 달라고 구걸하는 소년의 얼굴을 보십시오. 부끄러워하지도 않고, 황폐하지도 않습니다. 외면했기 때문에 보지 못했을 수도 있지만, 언뜻 본 것을 상기해 보십시오. 얼굴은 밝고 동작엔 활기가 있습니다. 더 나아가서 신전 앞에서 꽃을 파는 소녀의 얼굴을 상기해 보십시오. 들판에 핀 꽃을 꺾어 놓고 1달러라고 파는 야무진 소녀의 얼굴은 종종 꽃처럼 빛납니다.

그것을 보고 나면 생각이 달라집니다. 그들에게 그것은 '부끄러워 감춰야 하는 행위인 것이 아니라 그저 사는 일이겠구나' 하고요. 구걸, 가난, 더러운 것, 신명이 부끄럽지 않은 나라. 그 힘으로 죽음까지도 긍정하는 나라. 그것이 인도입니다.

이제 나는 인도의 힘을 향해 무장해제합니다. 그리하여 가난이 두렵지 않은 세상, 신명이 삶의 에너지일 수 있는 세상,

산 자와 죽은 자가 돌고 도는 세상, 인간과 동물이 차별 없는 세상을 축복합니다.

갠지스 강가에서 수천 년을 내려온, 강의 신에게 드리는 예배를 바라보며 나도 내 식으로 기도를 보탭니다. 인도의 미래가 1인당 국내총생산(GDP) 2만 달러의 대한민국이 아니기를. 인도는 끝까지 인도이기를.

손오공과 함께
길 위에서
길 찾기

어쩌면 인생은 마음의 춤입니다. 잠들기 전 가만히 앉거나 누워 마음을 지켜보고 있으면 그 변화무쌍한 마음이 사랑하고 집착하고 미워하고 아파하고 두려워하는 것이 보입니다.

《서유기》를 보셨습니까? 신성한 책을 구하기 위해 서천서역국으로 떠나는 삼장법사와 그 제자들 이야기입니다. 서천서역국으로 가는 길목에서 일행은 요괴도 만나고 마귀도 만납니다. 신선과 요괴, 보살과 마귀가 공존하는 환상 속 공간의 이야기는 어쩐지 익숙합니다. 어릴 적부터 익숙한 황당무계한 이야기를 찬찬히 들여다보세요. 그 판타지 소설 속엔 진정한 '나'를 찾아가는 구도행이 있습니다.

삼장법사에게는 세 명의 제자가 있지요. 모두 엄청난 힘을 가졌으나 어디 한 군데가 모자라 보입니다. 그들은 어쩌면 욕심에 눈이 멀고, 제 꾀에 제가 넘어가는 헛똑똑이 우리를 닮았습니다.

그중의 주인공은 역시 손오공입니다. 큰 도력과 큰 꾀를 가졌으나, 뭔가 2% 부족한 손오공은 돌에서 태어납니다.

"그 산꼭대기에 신령한 돌이 하나 있었는데, 사방에 신성한 난초가 자라고 있었다. 어느 날 돌이 쪼개지면서 돌알 하나를 낳았는데 … 그가 바로 손오공(孫悟空)이다."

신화 속에서 돌은 종종 신성의 상징입니다. 창세기의 야곱도 돌베개를 베고 자다 신성한 꿈을 꿉니다. 하늘로 이어지는 사다리를 타고 천사들이 오르락내리락하는 꿈! 야곱은 하나님의 천사가 보호하고, 손오공은 신성한 난초가 보호합니다.

원숭이처럼 천박하게 생긴 자의 이름이 공(空)을 깨닫는 존재란 뜻의 오공(悟空)인 것도 우연인 것 같지 않습니다. 아마 우리도 그럴 겁니다. 비록 비루하고 내세울 것 없는 초라한 삶을 살아도 우리 안에는 궁극적 지혜인 공(空)에 이르는 혜안이 있다는 통찰이 '손오공' 속에 들어 있는 것이 아니겠습니까?

돼지 '저(豬)'자를 쓰는 저팔계는 원래 하늘의 신이었습니다. 술기운에 항아를 희롱한 죄로 옥황상제로부터 쇠몽둥이

2천 대를 맞고 이 세상으로 쫓겨 온 그는 어미 돼지의 태에 들어 자기가 누군지 잊은 채 돼지가 되어 다른 돼지를 때려 죽이거나 사람을 잡아먹으며 살고 있었습니다. 그저 욕심만 채우면서 살아가던 어느 날 그는 "앞길이 있으려면 앞길을 망치는 짓을 해서는 안 된다"는 말씀에 감동하여 신성한 책을 구해 오는 사명에 동참합니다.

'팔계(八戒)'라는 이름이 암시하듯 그는 더 이상 살생하지 않고 색을 탐하지 않겠다는 등의 서원을 하고 계율을 지키며 '욕심'으로부터 놓여나는 법을 배우게 됩니다. 아마도 그는 무자비한 욕심이 어떻게 변하여 따뜻한 자비가 되는지를 보여주는 인물이겠습니다.

'나'를 찾아 떠나는 여행에는 요괴가 있고 마귀가 있습니다. 그런데 그거 아십니까? 요괴와 마귀들이 하나같이 매력 있는 존재라는 사실! 예를 들면 요괴인 홍해아는 3백 년 동안 수행한 인물입니다. 찬란한 갑옷을 입고 영롱한 보석이 박힌 투구를 쓴 요괴 '작은 타룡'도 걸을 때마다 바람을 몰고 다니는 존재입니다. 그들이 삼장법사를 잡아먹으려 하는 것은 그렇게 멋진 삶을 '영원히' 누리기 위해서입니다. 잘 수행한 스님의 고기 한 점을 먹으면 영원히 늙지 않을 수 있다나요.

그런데 우리는 왜 그처럼 매력 있는 이들을 요괴라 부를까요? 바로 그 이기심 때문입니다. 자기만 잘 먹고 잘살겠다고 욕심을 부리거나 자기 권력을 위해 다른 존재를 가두고 통제하려 들기 때문입니다. 자신이 가진 에너지를 좋은 일에 쓸 수 있다면 요괴는 보살이 됩니다.

생각해보면 요괴는 우리를 홀리는 존재의 이름이고, 우리가 두려워하는 존재의 이름이겠습니다.

그러나 우리의 여행길에는 마귀와 요괴만 있는 것이 아닙니다. 우리의 여행길에는 손오공도 있고, 저팔계도 있고, 사오정도 있고, 삼장법사도 있습니다. 우리의 여행길에서 손오공과 저팔계와 사오정은 요괴를 만나면서 우리 안의 욕심이 얼마나 흉측한지를 보고, '나'만을 위한 욕심을 서로를 위한 자비의 에너지로 전환할 것입니다. 그러니 그들이야말로 '나'를 찾아 떠나는 여행의 든든한 후원자들입니다. 여행길의 고난을 겪으며 그들은 다듬어지고 강해집니다.

실제로 삼장법사는 금강경을 번역한 현장 스님이 모델이라고 합니다. 당나라의 현장은 중생을 구제할 경전을 얻기 위해 17년이나 걸려 인도를 다녀옵니다. 7세기에 험난한 천산을 넘고, 타클라마칸 사막을 지나는 그 여정은 그야말로 목숨을 건 여정이겠습니다. 자연이 두렵고 사람이 두렵고 익숙하지 않은 모든 것들이 두려운 그 상황이야말로 요괴와 마귀가 충만한 상황 아니겠습니까. 누가 가라고 민 것도 아니고, 꼭 가야만 한 것도 아닌데 스스로 그 고독하고 고단한 죽음의 길을 천명처럼 받아들일 수 있는 사람, 우리는 그런 이를 운명적 존재라 부릅니다. 그런 존재야말로 존재의 비밀을 드러내는 세상의 빛이 아닐까 합니다.

당신은 당신만의 이야기가 들어 있는 당신의 천명을 인지하고 있습니까? 천명은 화려하거나 대단한 것이 아닐 겁니다. 천명이 천명인 이유는 거기 바로 '나'의 존재 이유가 되는, '나'만의 이야기가 들어 있기 때문일 겁니다.

하루 10분만,
그저
고요히

살아보면 시간만큼 상대적인 것도 없습니다. 학창시절은 마디고 더뎠는데, 그 이후론 추락하는 물체처럼 가속도가 붙습니다. 존재는 흔적을 남긴다는데, 물거품처럼 사라진 지난 날들은 무엇을 준비하고 있는 걸까요? 쏜살처럼 꿈결처럼 사라져버린 길고 긴 시간의 말미에서 묻게 되는 물음은 조용필의 '어제 오늘 그리고'의 노랫말입니다. 오늘 우리가 찾은 것은 무엇인가, 잃은 것은 무엇인가, 남은 것은 무엇인가.

처자식을 위해 뼈 빠지게 일했는데, 가족들에게 자신은 돈 버는 기계 이외에 아무것도 아니었다는 얘기를 하는 남자들이 많습니다. 삶은 정직한 거라면서요? 돈 버는 기계로만 살았으니 돈 버는 기계로밖에 대접을 못 받는 것인지도 모릅니다.

성실하게 노력하며 돈을 버는 일은 생존을 위해선 중요한 일이지만, 생존 너머의 일엔 관심도 없고 지향성도 없는 삶은 그저 불안 불안합니다. 일하는 말인 양 자신을 조직의 고삐에 묶어두고 바쁘고 고되게 채찍질만 해온 인생이라면 밤마다 스스로에게 그 고삐를 풀어주는 고요한 시간을 만들어주는 게 어떨까요? 노자를 빌리면 그것은 허정(虛靜)의 시간입니다.

연세대학교 이강수 명예교수의 동양철학 강의를 들은 적이 있습니다. 자신을 아는 자가 진정 지혜로운 자라는 이강수 교수의 노자 강의에 나는 매료되었습니다. 그는 자신을 알아가는 방법으로, 비워내고 고요히 하는 노자의 허정(虛靜)의 시간을 권했습니다. 매일 밤 5분만이라도 숨을 깊게 들이마시고, 멈추고, 천천히 내쉬는 호흡법으로 마음을 챙기는 습관을 갖게 되면 해도 그만, 안 해도 그만인 일로 시간을 허비하면서 "바쁘다"는 말을 입에 달고 살지는 않을 거랍니다.

바쁘다는 것이 능력의 척도인 줄 아는 현대인들은 늘 바쁩니다. 바빠서 바쁘기도 하고, 마음이 조급해 일에 끌려다니느라 바쁘기도 합니다. 한순간도 조용하게 자신을 돌아보지 못하는 도시인들은 늘 바쁘고, 늘 불안하고, 늘 누군가를 미워하고, 늘 화가 나 있고, 늘 전투 자세입니다.

그런데 그것이야말로 되는대로 사는 것이 아닐까요? 욕심과 산란과 불안과 분노와 미움과 아집이 나를 지배하도록 그대로 두는 것입니다.

그대로 둘 경우 어떻게 될까요? 더 산란해지고, 더 정신없어지고, 비판이란 이름으로 남의 욕을 달고 다니다 누군가 살짝 건드리기만 해도 분노가 폭발하는 화약고가 됩니다. 그래서 비워내고 고요히 하는 시간이 절실합니다.

그런데 비운다고 비워질까요? 고요히 한다고 고요해질까요? 가만히 있어도 마음은 원하는 것으로 숨이 차고 온갖 잡생각으로 들끓는데!

그래서 단전호흡을 하거나 자연호흡을 관찰하는 것입니다. 숨을 관찰하면서 들고 나는 생각을, 엄마가 놀고 있는 아이를 지켜보듯이 지켜보는 거지요. 명상은 무슨 좋은 생각을 하는 것이 아니라 내 몸에서, 내 마음에서 어떤 일이 벌어지는지 세밀하게 관찰하는 것에서 시작합니다.

열심히 일한 '나'에게 허정의 시간을 선물해 보시지요. 매일 10분만이라도 온전히 '나'만의 시간과 공간을 만들어서, '나'를 지지해준 몸과 마음과 호흡을 관찰해보는 겁니다. 고요히 하기엔 주변 세상이 너무 시끄러운가요? 파우스트는 온

갖 유령을 지나치면서도 차분히 걸었습니다. 시끄러운 중에 고요해질 수 있는 힘이 생길 때까지 마음에 힘을 붙여야 합니다. 마음이 힘입니다.

나의
존재 이유를
알아내는 법

착한 남자, 좋아하세요? 착한 남자는 멍청한 남자가 아니라 심장 속에 '바보'가 살아 있는 순수한 남자입니다. 그러니 좋아할 수밖에요. 사실 나쁜 남자에게 끌릴 수 있겠으나 나쁜 남자와는 미래를 설계할 수 없겠고, 슬쩍 훔쳐보게 되는 '짐승남'에게 속을 보여줄 수는 없겠습니다.

드라마 〈착한 남자〉에서 특히 인상적이었던 것은 바로 여주인공의 기억상실증이었습니다. 거기서 기억상실증은 많은 드라마에서처럼 뜬금없이 등장하는 장치가 아니라, 드라마 전개에 필연적인 것이었으니까요. 아마도 작가는 때로는 상실되고 때로는 각색되어 이야기를 만드는 기억의 힘에 관심이 많았나 봅니다.

생각해보면 기억은 사실이 아닙니다. 사실에 대한 기억이지만 동일한 사태를 놓고 얼마나 다른 이야기들을 하는지요. 자기 기억만 옳다고 빡빡 우기면서 남의 기억이 틀렸다고 야단치는 사람을 봤습니다. 매번 남의 기억에까지 개입하려 하는 사람은 지배적이고 통제적입니다. 주눅 드는 것이 일상화된 사람이 아니라면 그런 사람과 어찌 살까요?

기억은 다를 수도 있고, 틀릴 수도 있습니다. 기억은 악동처럼 장난치기를 좋아하니까요. 사람도 수틀리는데 기억이라고 수틀리지 말라는 법이 있나요? 그런데 또 그 기억을 통해서만 진실에 이르는 법이니 기억의 장난이야말로 그것은 인생, 아니겠습니까? 어쨌든 기억은 지금 내가 하는 모든 판단과 행동에 개입하는 나의 대통령입니다.

기억하십니까? 낭떠러지에서 떨어져가며 소중한 물건을 찾아준 남자의 병실에 찾아와서는 누구에게 덤터기를 씌우려는 거냐고 되묻던 은기(문채원 분)를! 심장이 반응하는 호감을 그렇게밖에 수용하지 못하는 재벌의 딸에겐 누구도 믿지 말라고 가르친 재벌 아버지가 있었습니다. 많은 것을 가진 자가 그 많은 것을 지키고 키우기 위해서는 경계심이 필수인 모양입니다. 정 드는 일이 두려워 늘 경계하며 살아온 가진 자의 습성은 행운일까요, 불운일까요?

머리만 믿고 살았던 재벌의 딸은 기억상실증에 걸려서야 비로소 심장을 믿게 되고 심장이 기억하는 남자를 찾게 됩니다. "내 심장이 알고 있었어! 내 심장이 널 기억하고 있었어."

우리는 무(無)에서 태어나지 않습니다. 후천적이라고 만은 설명할 수 없는 재능이, 성격이, 생김새가, 취향이, 식성이, 지향성이 있는 걸 보면 결코 빈손으로 오지 않았습니다. 그런데 왜 우리는 우리와 함께 온 것, 우리가 심장 속에 담아온 그것을 알지 못하는 걸까요?

플라톤은 망각의 강을 건너왔기 때문이라고 합니다. 이생으로 건너올 때 목마름을 참지 못하고 우리가 마신 그 강물 때문에 소중한 그것을 잊었다는 것입니다. 잊었으나 잃지 않은 그 심장의 기억 속에 우리의 존재 이유가 들어 있습니다.

영화 속 '늑대 소년'이 알고 있는 것, 쓸데없는 것을 너무 많이 기억하고 있기 때문에 기억하지 못하는 것, 기억상실증에 걸려서야 비로소 찾게 되는 그것, 그것은 심장 속에 있습니다. 심장 뛰는 사람을 만나고 심장 뛰는 일을 하라는 오래된 풍문은 가장 오래된 순수입니다. 심장은 내가 무엇을 잃어버렸는지, 무엇을 지향해도 좋은지를 알려주는 나침반이니까요. 심장은 머리보다 중요한 기억을 가지고 있습니다.

고마워도 고맙다 하지 못하고 미안해도 미안하다 하지 못하는 사람들이 있습니다. 덤터기를 쓸까봐 혹은 반대로 주눅이 들어서. 과거는 그렇게 쉴 새 없이 현재의 발목을 잡고 있습니다. 그 과거를 풀어줄 수 있는 것이 심장의 기억입니다. 심장의 기억은 과거를 풀어줄 수 있고, 그럼으로써 미래를 자유롭게 할 수 있습니다. 심장에 귀 기울여 보시지요.

당신의 아버지를 이해하고 싶다면

마음은 몸과 함께 사라지는 그러저러한 환영이 아니라 빛으로 충만한 하느님 자신이라지요. 《티베트 사자의 서》에 나오는 생각입니다. 이 책에 따르면 우리는 그 마음에 끌려 이세상에 나왔습니다. 마음이 사랑한 여자의 자궁에서 아들이되었고, 그 여자의 남자에 끌려 딸이 되었습니다. 엄마와 아빠는 내 마음이 징하게 사랑하고 증오한 나의 전생입니다.

방송인 이숙영 씨가 자신의 아버지가 가꾼 정원으로 몇몇지인들을 초대했습니다. 텃밭보다는 꽃밭이 넓은 정원에서 눈웃음이 자연스러운 아버지를 뵈니 내 아버지가 겹쳐지네요. 그 아버지가 어떤 태도로 살아왔는지 알 것 같습니다. 멋이 중요한 낙천적 로맨티시스트!

이숙영 씨는 젊은 날에는 늘 바깥으로만 도는 아버지가 못마땅해서 미워했는데, 어머니 돌아가시고 나니 아버지가 한 인간으로서, 남자로서 이해되기 시작했다고 합니다. 아버지를 이해하면서 아버지를 닮은 아버지의 딸인 것이 좋다네요.

당신은 당신의 아버지를 이해하십니까? 아버지를 이해하고 사랑하기까지 참 오랜 시간이 걸리지요?

내 아버지 돌아가신 지 10년, 문득문득 아버지를 생각하면서 깨닫게 된 것이 있습니다. 슬프게도 그건 아버지 살아생전엔 아버지를 온전하게 만난 적이 없다는 것이었습니다. 어머니를 좋아했던 나는 어머니라는 거울을 통해서만 아버지를 보고, 평가했습니다. 어머니에게 아버지는 바깥으로만 돌며 자기 좋은 것밖에 모르는 무책임한 남자였습니다. 그러나 자식에게 모든 것을 걸며 희생적으로 살아온 어머니를 빼고 아버지를 보면 어머니가 말하는 무책임의 이면이 보입니다. 그것은 낙천성이었고, 자유였습니다.

어머니는 자식에게 모든 것을 걸었으나 아버지는 아이들은 하느님이 키우신다며 무조건 놓아주었습니다. 우리는 아버지에게 한번도 공부하라는 소리를 들어본 적이 없습니다.

열심히 일하며 사는 것을 존재 이유라 믿고 있는 어머니와, 일을 핑계로도 바꿀 수 없는 그 어떤 가치가 있다고 믿은 아버지, 선악이 중요한 어머니와 그 경직성을 좋아하지 않은 아버지, 안정이 중요한 어머니와 자유가 중요한 아버지 사이에서 나는 《훔쳐가는 노래》의 진은영 시인의 말처럼 "소중한 것을 전부 팔아서 하찮은 것을 마련하는 어리석은 습관"이 있는 자를 좋아하게 되었습니다.

당신의 아버지는 살아 계신가요? 아버지를 자존감이 중요한 황혼기의 한 남자로서 진심으로 이해해보신 적이 있나요? 아버지를 '아버지'라는 틀 속에 가둬 놓은 채 기대하거나 요구하거나 했던 어린 날들의 생각을 접어보면 아버지의 꿈이 보이고 사랑이 보이고 좌절이 보이고 두려움이 보입니다. 이상하지요? 나는 아버지를 이해했을 뿐인데 사랑하게 되는 것은 나 자신인 것이.

어머니처럼 혹은 아버지처럼 살지 않겠다고 나 자신이 결박해 놓거나 금지해 놓은 것 속에는 결코 하찮다 할 수 없는 경험들이 들어 있습니다. 그러고 나니 알겠습니다. 내가 왜 아버지의 딸로 태어났는지.

당신은 왜 어머니의 아들 혹은 아버지의 딸로 태어났을까요? 나는 생각합니다. 어른이 된다는 건 어머니, 아버지를 한 인간으로서, 여인으로서, 남자로서 이해하는 거라고. 이해하게 되면 관대해지고, 관대해진 만큼 자유로워지는 것은 나 자신입니다. 파울로 코엘료가 그랬습니다. 나 자신을 관대하게 풀어주는 일이야말로 인류 전체를 관대하게 풀어주는 일이라고.

부모는 참 희한합니다. 아무것도 가르치려 들지 않아도 죽어서도 스승이니까요. 돌아가신 아버지를 기억하면 내 안에 내재되어 있는 꿈이 일어나 춤을 춥니다. 아버지에게 드리는 제사는 나 자신과의 교감이기도 합니다.

삶은
누리는 자의
것

"영혼을 팔지 않았다"는 말, 인상적이지요? 당신의 영혼은 어떤가요? 어디에다 영혼을 판 적이 없을 만큼 순결하십니까? 아니면 영혼을 팔아버린 그때 그 아픈 시간들이 여전히 발목을 잡고 있어 늘 가슴 한편이 시리고도 쓸쓸하십니까?

물론 영혼이라도 팔아서 거창하게 살아보고 싶다고 얘기하는 사람 중에 영혼을 믿는 사람은 별로 없습니다. 그건 그냥 지지부진하기만 한 인생, 반전을 꿈꾼다는 뜻일 겁니다. 반면 영혼을 팔지 않았다고 하는 이의 말은 꼼수를 부리지 않고 원칙과 도리를 지키며 살아왔다는 뜻이겠지요. 그런데 실제로 영혼을 판 사람, 파우스트는 어떤 사람일까요?

아시는 대로 괴테의 작품 《파우스트》에서 주인공 파우스트는 악마 메피스토에게 영혼을 팔았습니다. 왜 팔았을까요? 존경받는 파우스트 박사가 무엇이 부족해서? 영혼을 팔기 전 파우스트는 자신의 상태를 이렇게 고백합니다.

"아, 나는 이제 철학도, 법학도, 의학도, 마침내 신학까지도 열심히 애써서 연구를 마쳤다. 그런데 그 결과가 이렇게 가엾은 바보 꼴이라니!"

파우스트는 세상이 부러워하는 데에 도달했으나 행복하지는 않았습니다. 아니, 오히려 불행했지요. 이루고 나니 별것도 아닌 것에 온 열정을 쏟은 세월이 그저 허망하기만 했던 것입니다. 그나저나 악마 메피스토는 기력이 쇠할 대로 쇠하고 우울하기만 한 파우스트의 영혼을 무슨 이유로 사려 했던 것일까요? 열정과 감성에 병이 든 그 영혼을 어디에다 쓰려고요? 생각해보면 메피스토는 파우스트의 영혼을 탐낼 이유가 없습니다. 그렇다면 뭐지요?

영혼을 팔고 나서 파우스트는 무책임한 사랑도 하고, 질투에 사로잡히기도 하고, 분노에 휩싸여 사고를 치기도 합니다. 그 진흙탕 같은 삶을 파우스트는 후회하지 않습니다. 오히려 그 이전투구의 삶을 경험하며 삶은 누리는 자의 것임을, 그것이 지혜의 결론임을 고백하게 되지요.

그렇다면 메피스토는, 평생 나쁜 일 한 적 없이 지적으로 선하게만 살다가 생기를 잃어버린 파우스트에게 생기를 불어넣은, 파우스트의 반쪽이었던 것은 아닐는지요. 메피스토는 이룬 업적은 많으나 지리멸렬하게 살아왔던 파우스트를 생명의 나무, 생명의 숲으로 인도하는 존재라 믿습니다. 그 메피스토를 만나지 못했으면 늘 숙제만 하고 살아온 파우스트가 어떻게 인생에 대해서 당당히, "멈추어라! 너는 참으로 아름답다"고 고백할 수 있었겠습니까.

나는 기억합니다. 파우스트가 메피스토에게 도대체 너는 누구냐고 물었을 때 메피스토의 대답을. 메피스토는 이렇게 대답했습니다. "나는 항상 악을 탐내면서도 오히려 늘 선을 이룩하는 힘입니다."

메피스토는 악을 탐내는데도 선을 이루는 존재입니다. 아니, 어쩌면 진짜 선은 악의 짝인지도 모르겠습니다. 악을 통과하지 않은 선은 가짜인지도 모릅니다. 선하게만 살아온 사람, 바른 말만 하는 사람이 매가리가 없는 이치입니다.

당신이 영혼을 판 곳, 이전투구하게 되는 곳은 어디입니까? 삶이 요동치는 그곳이 쾌도난마(快刀亂麻)*가 일어나야

• 잘 드는 칼로 헝클어진 삼 가닥을 자른다는 뜻으로, 어지럽게 뒤섞인 일을 명쾌하게 처리함을 이르는 말

할 자리이기도 합니다. 한 사람의 개성은, 그 사람의 이야기는 그가 지킨 규범이나 그가 이룩한 성과에서 오는 게 아니라 그가 경험한 지옥의 모양, 지옥의 형태에서 오는 것일 테니까요. 넘어지고 헤매고 헛디디기만 한 악한 세월 없이 선한 삶은 가짜일지도 모릅니다. 악할 이유가 없어서 선한 것은 선한 게 아니니까요.

눈부신
어둠

자전거를 타다가 사고가 났습니다. 유머 감각 있고 환자 편하게 해주는 의사 말이 "무릎 뼈가 장렬하게 전사해 세 조각이 난 덕에 인대를 구했다"고 합니다. 철심을 박고 와이어를 감고 깁스를 하고 병원에 누워 있자니 무상하기 그지없습니다. 자전거를 타겠다고 휴대전화도 없이 집을 나왔을 때 누가 집에 들어가지 못할 것이라고 생각이나 했겠습니까.

3주 동안이나 집에 들어가지 못하고 있다 보니 허무하기 짝이 없습니다. 거기서 나는 인간이 허무를 어떻게 만나는지를 똑똑히 봤습니다. 어느 날 갑자기 기습적으로 다가와 덮치는 거지요. 그 누구도 비켜가지 않는 곤혹스러운 허무의 힘을 어찌 거스를 수 있겠습니까.

허무는 사랑이 가고, 젊음이 가고, 건강이 가고, 부귀영화가 갈 때 우리가 입어야 하는 남루한 옷입니다. 내가 이렇게 볼품없는 옷을 입어야 하냐고 억울해 하면 그 옷이야말로 위태로운 마음의 감옥이 됩니다. 그러나 거적때기를 걸치고 구도에 나선 싯다르타나, 방랑하는 《콜로노스의 오이디푸스》*의 시기라고 생각하면 이상하게도 침착해집니다. 침착해지면 그 허무를 관통하는 무언가가 있다고 느낍니다.

생을 정리하면서 자기 생애는 무의식의 자기실현의 역사였다고 고백한 융은 이렇게 말했습니다.

"나는 영원한 변화 속에서, 살아서 존속하는 무언가에 대한 감각을 결코 잃어버린 적이 없다. 우리가 보고 있는 것은 사라져가는 꽃이다. 그러나 땅 속 뿌리는 여전히 남아 있다."

꽃이 시들어 떨어져도 뿌리가 남아 있으니 또다시 꽃을 피울 것이라는, 집착의 말을 하고 있는 것이 아닙니다. 융은 인간은 개인이고, 개인은 세계가 제기한 하나의 물음이라는 얘기를 하고 있는 겁니다. 그 물음은 드러나지 않는 뿌리처럼

---

* 소포클레스가 지은 아테네 비극. 오이디푸스 왕이 몰락한 후 마침내 영원한 평화를 얻기까지의 이야기를 다루고 있다.

감춰져 있는 어둠이지만, 그 어둠은 눈부신 어둠, 신비한 어둠입니다. 단테 식으로 얘기하면 거기가 사랑하고 질투하고 미워하고 분노하고 패거리를 만드는 지옥을 빠져나와 자신의 고유한 운명을 알아채는 연옥입니다.

요즘 대학에서는 인문학이 위기라는데, 사회 한쪽에서는 인문학이 열풍입니다. 기업에서는 인문학을 블루오션으로 생각하고 관심을 갖는 것 같습니다. 역사를 알면 정책 모델을 찾을 수 있고, 예술작품을 알면 광고에 활용할 수 있다고들 이야기합니다. 철학을 하면 명료한 사고를 할 수 있고, 심리학을 알면 관계를 풀어가는 기술이 늘 수 있다고 말하기도 합니다.

그러나 인문학의 궁극은 그런 쓸모 너머에 있습니다. 인문학의 궁극은 자기성찰이고, 그것은 저 눈부신 어둠을 침착하게 들여다보는 촉수를 가진 자의 것이겠지요.

산티아고 길을 걷고 또 걸으며 그 촉수를 회복한 파울로 코엘료는 《포르토벨로의 마녀》에서 이렇게 말했습니다.

"나는 내가 침묵하고 있을 때나 고양되어 있을 때, 온 우주와 함께 호흡하고 있다는 걸 느껴. 그리고 그 순간 마치 신이 내 걸음을 인도하는 것처럼, 전에는 몰랐던 것을 알게 되지.

그럴 때면 모든 비밀이 내 앞에 드러나는 것만 같아."

　침묵 속으로, 어둠 속으로 들어가 자기 뿌리를 돌보는 시간, 그 시간이 우리를 거듭나게 합니다.

거울 앞에 선 당신, 마음에 드십니까

나이가 들면 서울에 살고 싶지 않습니다. 그러면 어디로 갈까, 지금부터 고민하게 됩니다.

어디로 가고 싶으십니까? 어디서 살고 싶으신가요? 어디가 당신을 닮았나요? 당신을 품고 당신이 품을 수 있는 곳을 찾았나요?

조지아 오키프*에게 그곳은 태양이 작열하는 사막의 땅 산타페였습니다. 낮에는 태양이 주인이고, 밤에는 달과 별이 주인인 거대한 사막에서 "나는 전적으로 자유롭다"고 고백한 오키프는 태양을 그리고, 꽃을 그리고, 사막을 그리고, 그리

---

* 20세기 미국 미술계의 뛰어난 화가.

고 뼈를 그렸습니다. 오키프에게 산타페 사막은 오히려 사물의 정기를 세밀하게 느끼게 하는 원초적 공간이었나 봅니다. 그녀 때문에 탄광촌이었던 산타페는 예술혼의 아이콘이 됩니다.

오키프가 매일 캔버스를 세웠던 그 동산에 사진작가 김아타 선생이 캔버스를 세웠습니다. 그런데 사진작가가 웬 캔버스지요? 그러고 보니 2009년 베니스 비엔날레에서 그가 거행했던 '사진 버리기' 퍼포먼스가 생각납니다. 거기서 그는 제사를 주관하는 제사장처럼 엄숙하게 인달라 작업을 위해 찍은 수만 장의 사진을 바람에 흩날려 버렸습니다. 그의 사진 값을 가늠해보면 미친 짓이지요. 그럼으로써 그는 그가 보여주고자 했던 것이 세련되고 아름다운 사진 컷이 아니라 하나의 정신이고, 세계임을 선포한 것입니다.

나는 언제나 뭔가에 미친 사람들을 좋아했습니다. 그건 아마도 평상심을 사랑하기 때문인지도 모르겠습니다. 나는 생각합니다. 미쳐보지 않은 평상심은 세련된 매너일지 모르지만 가짜라고. 우리는 지나치거나 모자람이 없는 중용의 덕을 이야기하지만, 실상은 모자라지 않고는 넘치지 않고, 넘쳐보지 않고는 중용을 찾아가는 에너지가 생기지 않습니다.

그나저나 그는 왜 산타페에 캔버스를 세웠을까요?

그가 말합니다. "해질녘 오키프의 붓질은 빨라졌고, 노을의 그림자는 나의 캔버스에서 부활한다!"

무슨 말인가요? 그는 캔버스를 세워놓은 것 말고는 아무것도 하지 않았습니다. 그러면 자연이, 햇빛이, 노을이, 바람이, 별빛이, 이슬이, 먼지가, 비가, 동물들의 장난이 그림을 그린다는 겁니다. 그렇게 그의 캔버스는 여름을 보내고, 가을을 보내고, 겨울을 보내고, 봄을 보내고, 또다시 일 년을 보냅니다. 시간이 그림을 그리는 거지요.

그는 산타페에만 캔버스를 세운 게 아닙니다. 홍천 숲에도 세우고, 인디언 보호구역에도 세우고, 뉴욕에도 세우고, 파리에도 세우고, 중국에도 세우고, 서울에도 세웠습니다. 바다에도 세우고 땅속에도 세웠습니다. 비무장지대에도 세웠습니다. 그런데 아세요? 자연이 그린 그림은 똑같은 것 하나 없이 그 장소의 영혼이라 부르고 싶은 특징을 오묘하게 드러낸다는 사실을.

그러고 보니 자연이 그린 그림들의 또 하나의 철학적 포인트는 '시간'입니다. 그는 이렇게 말합니다.

"생명의 근간을 이루고 있는 것, 그것은 시간이다. 시간에 등을 돌리지도 말고, 시간에 맞서지도 마라. 시간은 슬프고 잔인한 존재만이 아니다. 시간은 내가 안고 가야 할 위대한 존재다."

시간이 그린 그림 앞에 서 있다 보면 자연스레 시선이 '나'에게로 돌아오면서 거울을 보고 싶은 충동이 생깁니다. 찬찬히 거울을 들여다보시지요. 거울 속의 존재가 낯설어질 때까지. 거기, 평생의 시간이 그리고, 세상이 그리고, 내가 그린 작품이, 살아 있는 작품이 들어 있습니다. 작품이기도 하고, 작가이기도 한 그가 보이십니까. 그 자체로 마음에 드십니까. 젊었든 늙었든 뚱뚱하든 말랐든 외롭든 아프든 병들었든 성공했든 실패했든 부자든 가난하든, 그를 그 자체로 인정할 수 있는 것, 그것이 시간에 등을 돌리지도 않고 시간에 맞서지도 않는 것이라 믿습니다.

고갱이 묻는다,
우리는 어디서 왔는가
어디로 가는가

예술이 예술가의 정신을 배반하며 경제적인 부가가치를 축적해 가는 세상에서 예술의 정신은 무엇일까요? 그것은 어디서 와서 어디로 가는 걸까요?

'낙원을 그린 작가 고갱' 전에 다녀왔습니다. 문제의식으로나 크기로나 고갱의 정신을 그대로 드러내는 것은 '우리는 어디서 왔는가, 우리는 무엇인가, 우리는 어디로 가는가'이겠습니다. 그림의 전체 배경색은 블루인데, 신비한 블루가 아니라 우울한 블루입니다. 나는 그 배경색의 침울함에 질리고, 너무나 많은 이야기를 담고 있는 무거움에 질렸습니다. 그렇게 많은 이야기를 가진 사람이니 그림을 그리며 살겠다고 갑자기 직장을 버리고 가족을 버리고 지금껏 터전이었던 모든 것을 등질 수밖에요.

　고갱은 문명의 옷, 그 관념의 탑이 싫었던 것 같습니다. 하긴 '우리는 무엇인가, 어디로 가는가?'란 물음을 던지며 그림을 그리는 사람이 어찌 잘 먹고 잘사는 것으로 만족할 수 있었겠습니까. 그런 사람을 어찌 누릴 것 다 누리게 하는 것으로 잡아둘 수 있었겠습니까. 그가 누리고 싶었던 것은 파티의 소란함이 아니라 맨발의 감촉이고, 그가 입고 싶었던 것은 문명의 옷이 아니라 나무의 향기고 여인의 향기인데. 고갱은 이렇게 썼습니다.

　"태양처럼 빨간 옷을 입은 여인이 아름다워 자꾸만 쳐다봅니다. 여인의 맨발을 보고, 나도 맨발이 됩니다. 햇빛을 머금은 나무의 향기를 맡으며 맨발로 온 들을 거닐었습니다. 여인이 그립습니다."

　고갱은 누리고 싶은 것과 누리지 못하는 것 사이에서 그의 내면에 체증으로 남아 있는 것을 그림으로 그린 것 같지요? 내가 주목하는 그림은 〈황색의 그리스도〉와 〈황색 그리스도가 있는 자화상〉입니다. 〈황색의 그리스도〉를 보십시오. 그림 속에서 십자가에 못 박힌 그리스도는 고통스러워하고 있다기보다 명상을 하고 있습니다. 십자가가 만들어내는 평화에 조응이라도 하듯 흰 두건을 쓴 여인들도 십자가 주변에 차분히 앉아 있습니다. 한걸음 더 나아가서 〈황색 그리스도가 있는 자화상〉은 불경스럽게도 그 그리스도를 자기 얼굴의 배경으로 쓰고 있습니다. 세상에, 그 자신감을 어쩌지요?

그 그림들을 보고 있노라면 '고갱이 스스로를 그리스도라 믿었구나' 하는 생각이 절로 듭니다. 그건 자신을 인류의 구원자라 믿으며 망상 속에 살았다는 뜻이 아닙니다. 단지 스스로를 십자가에 못 박히는 고통을 감수한 영혼이라 믿은 것 같다는 것입니다.

십자가가 고통으로 끝나지 않고 평화로 거듭나기까지 우리는 얼마나 많은 일들을 조용히 감수해야 하는 걸까요? 그후 타히티에 들어가서도 여전히 쉽지 않았던 고갱의 삶이 그것을 증명합니다. 그는 가난 때문에 고통 받았고, 어설프게 흘러들어간 문명에 실망했고, 죽은 아이 때문에 절망했습니다. 결코 낙원의 행복을 누렸다고 할 수 없는 그의 타히티가 아름다운 건 바로 거기서 철학적인 물음이 개화했기 때문입니다. '우리는 어디서 왔는가, 우리는 무엇인가, 우리는 어디로 가는가.'

욕망과
구원,
뫼비우스의 띠

고흐의 그림들엔 자주 교회가 숨어 있습니다. 그림 속의 교회에 시선을 두다 보면 마음 둘 곳 없었던 고흐를 느낍니다. 그러니까 캔버스에서 별빛 터지는 소리를 들었다던 〈별이 빛나는 밤〉은 구원을 향한 기원이었던 겁니다.

고흐의 그림처럼 기분 좋은 꿈을 꾸게 하지는 않지만 김기덕의 영화도 구원을 향한 기원이라 믿습니다. 다만 김기덕의 영화는 악몽 속의 구원인 거지요.

90분 동안 아무 말도 없었던 영화, 〈뫼비우스〉를 보셨습니까?

'가족'이 주제인데도 가족과는 절대로 같이 보고 싶지 않은 영화, 〈뫼비우스〉를 보면서 내내 불편했습니다. 장면 장면

이 바뀔 때마다 가장 가까운 관계에서 칼부림이 일어납니다. 남편은 아내를 닮은 여자와 외도를 하고, 남편의 배신에 치를 떠는 아내는 메두사가 되어 아들을 잡아먹습니다. 아내가 남편에게, 어머니가 아들에게, 아들이 아버지에게 악을 쓰고 할퀴고 찌르면서 상처를 내는 그곳이 김기덕이 생각하는 가족이었습니다.

아이들은 늘 부모의 주술에 걸리지 않나요? 엄마의 저주를 몸에 새기고 사는 아들이 어떻게 엄마를 벗어나 건강한 삶을 일굴 수 있겠습니까? 김기덕은 바로 그 자리, 사랑한다면서 미워하고, 욕망에 사로잡혀 서로 만신창이를 만드는 가족이 바로 우리 삶의 출발점임을 보여줍니다. 그가 전혀 구원의 여지가 없어 보이는 콩가루 집안을 선택한 것은 가족의 본질을 날것으로 보여주겠다는 의지겠지요. 그래서 그는 대사까지 지웁니다. 관객이 이미지에 집중하도록 말입니다. 사실 겉으로 보기에 완벽한 가족도 공허하거나 뒤틀려 있는 경우가 종종 있습니다.

뫼비우스 띠는 안팎이 없지요?

아내에게 충실하지 않은 남편과 남편에게 좌절한 아내, 남편에게 분노해서 남편 대신 아들의 남성성을 거세한 아내와 아내 대신 아들에게 속죄하는 아버지, 아들을 잡아먹는 어머니와 어머니를 욕망하는 아들은 안팎이 없습니다. 그것이 안팎이 없는 건 그것이 바로 동일한 욕망으로 이루어진, 욕망이라는 이름의 전차이기 때문입니다. 욕망은 이성적이지 않습니다. 들뢰즈에 따르면 인간은 이성적인 존재가 아니라 욕망하는 존재입니다. 욕망은 선하지도, 악하지도 않습니다. 욕망은 도덕적이지도 않고 도덕에 반하지도 않습니다.

그런데 그 욕망이 없으면 사랑도 없습니다. 사랑이 있는 곳엔 욕망이 있습니다. 욕망이 있는 곳엔 쾌락이 있습니다. 쾌락이 있는 곳엔 고통이 있습니다. 고통이 있는 곳엔 구원이 있습니다. 그것이 뫼비우스의 띠입니다. 사실 우리의 삶을 열화와 같은 지옥으로 만드는 그 욕망은 구원의 에너지이기도 합니다.

〈뫼비우스〉에서 남편을 찌르고 아들을 거세하는 아내의 칼이 불상의 머리 밑에서 나오고, 욕망의 춤이 끝난 자리에서 아들이 경배를 올리는 것은 욕망과 구원이, 격정과 기원이, 천국과 지옥이 뫼비우스의 띠라는 것이 아니겠습니까.

구원은 욕망이 끊어진 자리에서 생기는 것이 아닙니다. 욕망은 끊으려 할수록 나를 휘감아 옥죄는 올무일 테니까요. 오히려 구원은 욕망을 인정하고 응시하고 돌보는 자리에서 생기는 것이겠습니다.

진정한 사랑은 서로서로 갈 길을 터준다는데, 자신이 추는 욕망의 춤을 응시하지 않고 사랑하지 않고 자기 갈 길을 아는 사람은 없습니다.

무식한
남자의
힘

쇼펜하우어가 그랬습니다. 생에의 의지는 맹목적이라고. 그러면 사랑에의 의지는 어떨까요? 2012년 판 영화 〈폭풍의 언덕〉을 보면서 그런 생각을 했습니다. 맹목적이지 못해 아프고 또 맹목적이어서 아픈 게 사랑에의 의지일 거라고.

그런데 이상합니다. 예전에 그토록 좋아했던 히스클리프가 더는 매력적이지 않다는 것입니다. 내 안에 이미 그가 살고 있나 봅니다. 그러고 보니 알겠습니다. 히스클리프에게 끌렸던 이유를. 그의 매력은 허영심과 진심을 본능적으로 구별하는 직관이었습니다.

히스클리프는 버려진 아이였습니다. 어두움을 사랑하는 외로운 아이에게 명랑한 열정을 가진 캐서린은 사랑이라기보다는 차라리 목숨이었겠지요. 그들은 늘 함께 놀고, 함께 사고를 치고, 함께 불행을 겪고, 함께 행복을 누리고, 함께 성장했습니다. 남매이고, 연인이고, 친구였던 것이지요.

그런데 조건 좋은 남자 린턴이 청혼하자 캐서린이 흔들립니다. 부유하고 세련되고 안정적이나 지루하기만 한 남자와, 심장이 사랑하지만 밑바닥 생활을 감내해야 하는 남자, 당신이라면 누구를 선택하나요?

캐서린이 조건에 이끌려 린턴과 결혼한 뒤 우아하고 신경질적으로 살아가는 동안 심장을 잃어버린 히스클리프는 악마가 되어 스스로를 파괴하면서 그들이 잃어버린 진실의 빛을 드러내고 있었습니다.

〈폭풍의 언덕〉은 여성적 영화입니다. 젊은 날 내 친구들은 모두 히스클리프에게 열광했고, 히스클리프의 현대판이라 할 수 있는 〈외인구단〉의 까치에 열광했었습니다. 우리는 왜 그랬던 걸까요? 그건 단지 한 여인만을 바라보는 지극한 사랑의 노래 때문만은 아니었습니다.

영화를 보니 그때 그 시절 우리가 보입니다. 이제 나는 웃습니다. 히스클리프에겐 우리에게 부족했던, 너무나 부족했던 힘이 있었습니다. 바로 무식(無識)의 힘! 배운 게 없어 무식한 게 아니라 배울 게 없어 무식한 그 뚝심의 힘! 악을 두려워하지도 않지만, 선(善)의 철창에도 갇히지 않는 힘!

매일 무표정한 얼굴로 규칙을 던져주는 선생님은 우리의 검열관이었지요. 좋은 성적표, 잘잘못에 민감한 부모 역시 마찬가지였습니다. 우리는 규칙을 지키지 않으면 인생이 끝나는 줄 알았고, 친구라는 이름의 경쟁자보다 1점이라도 더 받으려 했습니다. 1점 차로 정해지는 등수에 기를 쓰며 스스로 규칙이 되고 검열관이 된 것입니다.

그렇게 스스로를 검열하며 살아온 안정적 모범생은 통제하기도 쉽고 다스리기도 쉽지만, 깊은 곳에서 우러나오는 자기 느낌을 갖긴 어렵습니다. 그런 사람들의 입에서 나오는 대부분의 이야기는 자기성찰을 거쳐 나온 '자기' 생각이 아니라 사회적 편견이기 쉽습니다.

오랫동안 원하는 것을 그냥 원하는 것으로만 간직한 채 평가에 맞춰 해야 하는 일에만 매진한 인생은 곧잘 사회적 편견을 제 생각으로 착각하니까요. 그런 사람들의 생각은 유연성이 없어서 하인처럼 자신이 해야 하는 일은 아주 잘 알고 행하지만, '나'의 깊은 곳에서 내가 무엇을 원하는지에 대해서는 묻지도 못하고, 행하지도 못합니다.

반면 '무식한' 히스클리프는 자신이 무엇을 원하는지 깊이 알고, 당연히 허영심과 진심을 분명히 구별해냅니다. 그런 그에게는 자기의 말이 있습니다. 조건을 선택해 결혼한 캐서린에게 히스클리프는 이렇게 말합니다. "너는 그를 사랑하지 않지만 너의 헛된 욕심이 그를 허락한 거야. 왜 너를 싸구려로 만들었지?"

《전쟁과 평화》에서 톨스토이는 이렇게 말했습니다. 내가 아는 모든 것은 오직 사랑에서 비롯되었다고. 사랑에의 의지가 헛된 욕심으로 좌절되면 생에의 의지도 꺾이나 봅니다. 죽어서도 죽을 수 없나 봅니다. 캐서린처럼!

2장

어떤 삶을 살 것인가

밥상을 대하는 태도

비움이 이 시대의 화두지요. 그런데 비우라 한다고 비워지나요? 비움을 강조하다 보면 비움에 대한 강박증만 앓게 되기 쉽습니다. 버리고 갈 것만 남아서 홀가분하다는 고백은 비우게 만든 삶의 신비에 대한 얘기이지 값싼 도덕적 충고는 아닐 겁니다. 그나저나 그 신비한 비움을 템플스테이가 도와줄까요?

이제 템플스테이가 일상화됐지요. 한 해 20만 명 이상이 템플스테이를 한다고 합니다. 송광사 주지 법진 스님은 종교로서가 아니라 문화운동으로서 템플스테이를 말합니다. 무슨 문화운동이지요? 주변을 채우느라 진작 삼켜야 했던 것, 그래서 체증으로 남아 있는 것, 그 체증 속에 들어 있는 생명의 불씨를 돌보는 운동이랍니다.

실제로 템플스테이를 해보셨습니까? 사실 3박 4일, 길어야 6박 7일에 무슨 큰 변화가 일어나겠습니까. 그 짧은 시간에 천 년의 전통이 품고 있는 진리의 세계에 잠길 수는 없겠습니다. 그러나 인연만 맞는다면 변화의 불씨 하나는 얻어올 수 있습니다.

템플스테이를 쉼의 시간이라고들 하는데, 한번 해보십시오. 결코 한가하지도 않고 녹록지도 않습니다. 새벽 3시부터 밤 9시까지 빡빡하기만 합니다. 그럼에도 불구하고 쉼이라 느낀다면 이유는 있습니다. 바로 집중하게 되는 대상 때문입니다. 거기서 가장 집중하게 되는 대상은 부처도 아니고, 스님도 아니고, 자연도 아닙니다. 그 대상은 바로 '나'입니다. 나의 몸과 나의 감정, 나의 기억, 나의 행태 같은 것들입니다. 과거가 몽땅 전생이라면, 내 몸속에 자리 잡은 전생의 흔적들을 돌아보는 거지요.

그전에 나는 아파야만 쉬었습니다. 열심히 일하는 것을 자부심으로 삼고 살았지요. 니체에 따르면 나는 낙타였습니다. 낙타는 열심히 짐을 지고 가는데, 그 짐은 주인의 것이지요. 오로지 주인의 짐을 지고 주인이 정한 길을 가는 낙타의 시간, 누구나 그 시기를 거치며 사회적 존재가 됩니다. 학교를 다니고 직장을 잡고 성과를 내는 일로 떳떳한 공동체의 일원이 되는 거지요. 그런데 그렇게 공동체의 일원으로만 살다 보면 남의 평가만 내면화하는 하인으로, 하녀로, 낙타로만 살게되는 겁니다.

낙타로 살았던 사람은 잦은 몸살을 앓기 쉽지요. 그런 사람에게 몸살은 병이기 이전에 쉼이며, 쉼이기 이전에 죄입니다. 삶을 유기한 죄, 열심히 산다는 핑계로 나를 잊은 죄, 나를 돌보지 않은 죄!

니체는 낙타가 사자로 변하는 순간을 포착합니다. 낙타로만, 하인으로만 살아왔다는 사실을 인식하는 순간 내 안의 사자가 깨어나는 거지요. 자기혁명의 불씨가 살아나는 순간입니다.

자기혁명의 불씨는 작은 일에서 일어납니다. 밥 먹는 일, 혼자 노는 일 같은. 템플스테이에서 특히 인상적이었던 것은 밥 먹는 시간이었습니다. 먹을 만큼만 담기, 침묵 속에서 오로지 씹는 감각만 관찰하기! 밥과 멀건 국, 김치와 나물 두어 가지. 생각해보면 초라한 밥상이었으나 한번도 초라하게 느낀 적이 없었던 것은 그것이 바로 공양(供養)이었기 때문인가 봅니다.

처음엔 밥 먹는 일을 모셔 올리는 공양이라 하는 데 놀랐으나, 놀라고 나니 실로 놀라운 것이었습니다. 밥을 먹는 일은 내 영혼을 공양하는 일이었으니까요. 그동안 나는 밥을 먹고 있을 때조차 밥을 먹지 못했습니다. 칼로리를 먹고, 정보를 먹고, 사교를 먹었습니다. 밥과 나 사이에 너무 많은 것이 가로막고 있어, 공양을 받아 공양을 함으로써 일상을 공양하는 마음을 잃었던 것입니다.

밥을 받는 태도가 바뀌니 생활이 바뀌네요. 밥 한 공기에 김치뿐이더라도 소중히 받게 됩니다. 그래서 과거를 돌아보면 미래가 바뀐다 하는 모양입니다.

선과 악,
사랑과 미움은
둘이 아니다

《도덕경》을 들여다보고 있으면 사람이 쓴 책 같지 않습니다. 오히려 자연이 인간에게 준 보물창고 같습니다. 읽다 보면 궁금해져 묻게 되지요. 과연 노자는 실존 인물이었을까, 하고 말입니다. 노자라는 이름은 단지《도덕경》을 드러내기 위한 하나의 징검다리인 것은 아닐까, 하는 생각이 드는 겁니다.

《사기열전》을 쓴 사마천에 따르면 노자는 실존 인물이었습니다. 그는 지금의 국립도서관에 해당하는 수장실(守藏室)에서 역사를 기록하고 보관하던 관리였다고 합니다. 무슨 이유에서인지 모르지만 그가 주나라를 떠날 때 국경지기 윤회가 그를 알아보았습니다. 윤회는, 떠나시기 전에 선생님의 생각을 남겨달라고 간청했다지요. 그러자 그 자리에서 술술 적어준 것이 《도덕경》이었고, 그런 후에 그는 홀연히 종족을 감췄다고 합니다. 국경지기가 그를 알아봤던 점이나, 세상사 홀홀 털고 사라져간 점이나, 《도덕경》의 내용이나 모두 그가 현자였음을 증거하는 전설이요, 자료처럼 보입니다.

《도덕경》, 읽어보셨습니까? 깊다면 한없이 깊고 넓다면 한없이 넓습니다. 그것은 세속을 벗고 숲속으로 들어가 홀로 살고 싶은 사람의 교과서일 수도 있고, 자유인의 철학으로도 읽을 수 있겠습니다. 그리고 또 리더의 철학으로도 읽을 수 있습니다. 실제로 《도덕경》에는 통치 철학이라고 할 만한 내용이 많습니다. 물론 하수의 통치술이 아니라 사물의 이치에 대해 곰곰이 사색할 줄 아는 리더의 통치 철학입니다.

《도덕경》에는 물의 비유가 강렬합니다. "세상에서는 물이 가장 유약하지만 공력이 아무리 굳세고 강한 것이라도 그것을 이겨내지 못한다. 약한 것이 강한 것을 이기고, 부드러운 것이 굳센 것을 이긴다."

누가 물처럼 부드러울까요? 《도덕경》에 따르면 마음속에 일(一)을 품은 사람입니다. 일은 하나님이 아닙니다. 일은 대립적인 것을 통일하는 자연의 이치입니다. 일(一)을 품은 사람은 선과 악이, 빛과 어둠이, 사랑과 미움이 새끼줄처럼 얽혀 있는 한 줄임을 압니다. 그 사람은 옳음과 그름, 남자와 여자, 이성과 감성, 주인과 노예, 상급자와 하급자, 나와 남이 뫼비우스 띠처럼 서로 연결되어 있다는 것을 압니다. 생각해보면 악이 없는 선이 없고, 여자 없는 남자 없습니다. 감성 없는 이성 없으며, 하급자 없는 상급자도 없습니다.

이것이 왜 중요할까요? 우리 사회에서 문제가 된 '갑질'에서도 드러나지만 힘을 가진 사람이 자기 힘의 근원을 보지 못하면, 자신의 잘못과 실수를 힘없는 이의 탓으로 돌리기 때문입니다. 그것은 스스로가 힘의 근원을 갉아먹는 짓입니다. 그런 행태가 쌓이고 쌓이면 그의 힘의 근원은 그만큼 약해집니다. 《도덕경》은 말합니다. 통치자가 높게만 행사하려 들면 장차 실각하게 될 것이라고.

"하늘이 끊임없이 청명하기만 하려고 하면 장차 무너져 내릴 것이고, 땅이 끊임없이 안정을 유지하려고만 하면 장차 쪼개질 것이며, 계곡이 끊임없이 꽉 채우려고만 들면 장차 말라버릴 것이며, 만물이 끊임없이 살려고만 하면 장차 소멸하게 될 것이며, 통치자가 끊임없이 고귀하고 높게만 행세하려 들면 장차 실각하게 될 것이다. 그러므로 고귀함은 비천함을 뿌리로 하고, 높음은 낮음을 기초로 한다."

그렇다면 《도덕경》에서 말하는 가장 좋은 리더십은 어떤 걸까요? 그것은 상생하는 리더십입니다. 상생하는 리더십의 핵심은 리더가 스스로 낮추며 상대를 살려주는 것입니다.《도덕경》은 이렇게 말합니다.

"나라의 허물을 받아들이니 사직의 주인이라 하고, 나라의 상서롭지 못한 것을 받아들이니 천하의 왕이라 한다."

주인은 허물을 받아들이는 자고, 리더는 책임을 지는 자입니다. 모든 것을 껴안는 낮은 리더십, 어떻습니까?《도덕경》에는 이렇게 쓰여 있습니다.

"강과 바다가 물의 왕이 될 수 있는 까닭은 잘 낮추기 때문이다. 그러하니 백성들 위에 서고 싶으면 반드시 자신을 낮추는 말을 써야 하고, 백성들 앞에 서고 싶으면 반드시 자신을 뒤로 해야 한다. 이로써 성인은 위에 있어도 백성들이 부담스러워하지 않고, 앞에 있어도 백성들이 거추장스럽게 생각하지 않는다."

멋지지 않습니까?

내 아버지가 넘어진 자리를 살핀다

《풍수화》라는 책이 있습니다. '원형사관으로 본 한·중·일 갈등의 돌파구'라는 부제가 말해주듯 중국과 일본 그리고 우리와의 관계를 원형사관의 입장에서 바라본 책입니다. 그 책에 따르면 지진이 많은 나라 일본은 불(火)의 나라입니다. 거대한 대륙을 홍수로 집어삼키기도 하는 중국은 물(水)의 나라고, 물 좋고 햇빛 좋고 공기 신선한 우리는 바람(風)의 나라입니다. 물과 불과 바람의 입장에서 세 나라의 역사와 갈등을 이해하는 그 책을 읽다보니 갑자기 《서경》에서 치수(治水)를 강조한 대목이 확연히 이해되는 게 아니겠습니까.

때로는 전설이고 어쩌면 현실이었을지도 모를 고대 중국의 나라, 하·은·주(夏銀周)를 기억하시는지요. 그 나라의 정치 철학을 담고 있는 《서경》에서 가장 상징적인 인물은 요순시대를 열었던 요임금이고, 순임금이겠습니다. 요순시대라 하니 순임금을 요임금의 아들이라 생각하기 쉽지만, 실제로 순임금은 속세를 살고 있던 이름 없는 노총각이었을 뿐, 요임금의 혈연이 아니었습니다. 요임금에 이어 다음 대 왕으로 유력했던 인물은 원래는 요임금의 아들 곤이었습니다. 곤은 아버지 밑에서 고대 사회 중원 정치에서 제일 중요했던 치수를 담당하고 있었습니다.

고대 사회에서 천명은 가뭄과 홍수를 다스리는 자, 바로 물을 다스릴 줄 아는 자의 것이었습니다. 곤은 9년이나 열심히 치수에 골몰했습니다. 치수 전문가였던 그가 치수 방법으로 택한 것은 댐을 막아 물을 모으는 것이었습니다. 그러자 한편에서는 물길이 말랐고, 다른 한편에서는 엄청난 홍수가 났습니다. 모아놓은 물이 하늘로 넘치는 날엔 산 아래 사는 백성들이 우왕좌왕 난리를 겪어야 했습니다. 곤의 실수가 명백해지자 곤을 9년이나 기다려온 요는 곤을 버리고 사방에서 새로운 리더를 찾았는데, 그가 바로 순이었습니다.

그나저나 어떻게 아무런 스펙이 없는 순이 한 나라의 리더로 발탁되었을까요?

순의 스펙은 바로 덕(德)이었습니다. 그 당시 가난한 삶에

강퍅해진 백성들은 논둑에서도 서로 싸웠다고 합니다. 곡식을 좀 더 심기 위해 서로서로 살금살금 자기네 땅 쪽 논둑을 파내는 바람에 아예 논둑이 사라질 위기였으니까요. 그런 상황에서도 덕 있는 젊은이 순이 나타나 중재를 하면 순의 덕에 감복하여 백성들은 자발적으로 자기네 땅에 논둑을 메우고 쌓았다고 합니다.

순은 집안이 좋지 않습니다. 아버지는 소경인데다 완악하고, 계모인 어머니는 욕심 많고 어리석어 자기가 낳은 아들만 끼고 돌았으니까요. 그럼에도 순은 한결같이 부모에게 공손하고 어리석은 동생과 갈등을 일으키지 않았다고 합니다.

혈연에 얽매이지 않고 자애로운 마음으로 사람들을 이해하고 이끌었던 순이 요순시대를 어떻게 이끌어갔을지는 짐작이 되지 않으십니까. 그런 순이고 보면 나중에 그가 자기 자식에게 왕위를 물려주지 않은 것은 이상한 일도 아닙니다. 순은 선대왕 요가 그런 것처럼 두루두루 인재를 찾았습니다. 그렇게 해서 찾은 임금이 바로 우임금입니다.

그런데 그 우가 누구인지 아십니까? 우는 바로 치수에 실패해서 아버지 요에게 밀려난 인물, 바로 곤의 아들이었습니다. 우는 아버지의 실패를 딛고 일어나 치수에 성공했던 겁니다. 재밌지 않습니까?

우임금은 아버지 곤의 노고가 실패로 돌아간 것을 매우 안타까워했다고 합니다. 그는 아버지가 어디서 실패했는지, 어디서 좌절했는지를 알아내는 것에서 시작했습니다. 그리하여 그는 자연스러운 물길을 무시하고 무조건 제방만 쌓는 방법은 좋은 방법이 아니라는 것을 알아냈습니다. 그는 자연스레 물길을 내는 데 온 힘을 기울였습니다. 얼마나 열심히 치수사업에 몰두했는지 결혼하고 13년 동안 집에 들어가지 못했다고 합니다. 그러니 우임금 때 수상교통이 크게 일어난 것은 우연이 아니겠습니다.

우임금이 물박사가 된 것은 결국 아버지 덕이겠지요? 실패는 성공의 어머니니까요. 아버지가 어디서 넘어졌는지, 윗대의 리더십이 어디서 실패했는지를 애정을 가지고 살피는 일, 그게 제대로 사는 일의 초석이라 믿습니다.

자식 키우는 사람이 갖춰야 할 덕목

　인생은 뜻대로 되지 않습니다. 인생이 뜻대로 되지 않는다는 것을, 부모는 아이들을 키우면서 고백하게 됩니다. 세상에, 심장을 내주어도 아깝지 않은 아이가 소년이 되고 소녀가 되고 청년이 되면서 부모는 여러 번 지옥을 경험합니다. 그리고 '내려놓음'이라는 만고불변의 진리를 아프게 실천해야 하지요. 아이를 낳고 키워봐야 비로소 부모 심정을 알고 어른이 되는 거라고 이야기하는 건 바로 천국과 지옥을 오가는, 그 관계의 드라마 때문일 겁니다.

　옛 사람들도 자식농사는 맘대로 되지 않는다는 사실을 알았던 모양입니다. 주자의 교육론《소학》이 널리 읽혔으니 말입니다.

《소학》은 '소'자 때문에 어린이나 학문 초급자를 위한 책이라 생각하기 쉬우나 옛 사람들은 주자를 이해하기 위해서는 반드시 읽어야 하는 책으로 여겼다고 합니다. 삶을 바꿀 만큼 의미가 깊다는 거겠지요.

주자의 교육지침이 고스란히 담겨 있는 《소학》의 중심에는 자식을 어떻게 키워야 하는지에 관한 모범이 들어 있습니다. 재밌는 것은 옛 사람들은 교육을 태에서부터 시작했다는 것입니다.

"부인이 임신을 하면 잠잘 때에는 바르게 눕고, 앉을 적에도 바르게 앉는다. … 바른 맛이 아니면 먹지 않고, 부정한 것을 보지 않으며, 부정한 소리를 듣지 않는다. … 시를 외우고 바른 일을 말하게 하였다."

생각해보니 태교란 것도 태 속에서부터의 교육 아닌가요? 그렇게 태교를 하고 태어난 아이는 어떤 사람에게 맡겼을까요? 옛 사람들은 유모를, 태어난 아이에게 절대적으로 영향을 미칠 수 있는 아이의 스승으로 보았습니다. 그래서 조건이 까다로웠습니다. 유모는 너그럽고, 온화하고, 말이 적은 여인이어야 했답니다. 맹자의 어머니가 자식의 행실이 환경에 절대적으로 영향을 받는 것을 보고 세 번 삶터를 옮겼다는 맹모삼천지교(孟母三遷之敎) 이야기가 나오는 것도 바로 이 《소학》입니다.

그러면 소학에서 아이 교육의 바탕이 되는 덕목을 무엇이라고 했을까요? 그것은 바로 안정(安)과 공경함(敬)이었습니다. 풍진 세상을 헤쳐 가는 가장 기초적인 덕목을 바로 마음의 안정감이라 본 것은 새겨볼 만합니다.

현대인들은 안정이 아니라 안전을 추구합니다. 사고가 날까 두려운 것이고, 책임질 일이 생길까 전전긍긍하는 겁니다. 안전이 나쁜 것도 아니고 분명 담보되어야 할 것이지만 지나친 강조는 모험을 잃어버리게 합니다. 현대의 아이들에게 톰 소여의 모험이 가능하기나 할까요.

마음을 안정되게 쓰는 사람은 스스로 압니다. 무엇이 가능하고, 무엇에 위험부담이 있고, 무엇이 안 되는 일인지. 그것이 자율적인 판단입니다. 반면 안전에 집착하는 세상엔 안 되는 일이 너무 많습니다. 할 수 없는 것이 너무 많고, 통제해야 하는 일이 너무 많습니다. 아이들이 몸이 성장해서 사춘기가 되고 성년이 되어도 조심해야 하는 것, 가려야 하는 것, 두려운 것이 너무 많습니다. 그 세상에 길들여진 아이들이 그만큼 자율적 판단 능력을 잃어버리게 되는 것은 자연스런 현상일지도 모릅니다.

삶의 주도성을 잃어버린 사람들은 안전할 수 있어도 행복할 수는 없겠습니다. 그것이 우리 사회에 행복하지 않은 아이와 어른들이 많은 이유이기도 하겠습니다. 그런 현대의 틀에 갇힌 아이들이 이런 방식의 어른 공경을 배운 옛 사람들을 뭐라고 할까요. 아마 웃어넘기지 않을까요.

"대체로 자식으로서의 예법은 부모를 겨울에는 따뜻하게 하고, 여름에는 시원하게 하며, 저녁에는 이부자리를 펴주고 아침에는 안부를 살펴야 한다. 밖에 외출할 때는 반드시 말을 하고 나가며 돌아와서는 반드시 부모를 뵈어야 한다. 밖에 다니는 곳은 반드시 일정한 곳이 있어야 하고, 배우는 것은 반드시 일정한 학업이 있어야 하고, 평상시에 자신이 늙었다는 말을 해서는 안 된다."

현대 사회에서는 그 누구도 이렇게 할 수 없습니다. 그러나 옛 사람들이 이렇게 교육한 뜻은 의미 있지 않을까요. 살아보면 압니다. 내 속의 아버지, 내 속의 어머니와 화해하는 일이야말로 삶을 제대로 살아가는 기초적인 일이라는 것을.

나는 생각합니다. 부모와의 관계에서 공경을 배운 자가 자연스레 인간 사이에서 '존중'을 실천하는 법이라고.

어떻게
죽음을 잠처럼
받아들일 수 있을까

살아보면 알게 되지요? 살아온 세월이 남아 있지 않음을. 부자로 살았든, 천하를 호령하며 살았든, 인기인으로 살았든 거지로 살았든 살아온 세월이 한 줌 먼지가 되어 날아가 버렸음을. 그래서 옛 사람들은 인생을 일장춘몽(一場春夢)에 비유하기를 좋아했나 봅니다.

돌아보면 생은 꿈입니다. 그런데 이상합니다. 생이 꿈과 같음을 새기며 사는 삶이 허망하지 않고 안정적이니. 나아가서 그런 사람에게는 죽음을 밥상처럼, 잠처럼 편안하게 받아들이는 힘이 있습니다. 죽음을 목전에 앞둔 소크라테스가 그랬습니다. 그가 독배를 마시는 날의 이야기를 담고 있는 《파이돈》에서 화자인 파이돈은 그날의 느낌을 이렇게 이야기하고 있습니다.

"나는 그의 곁에 있으면서 이상한 느낌이 들었습니다. 친구의 임종 자리에 있다는 사실이 거의 믿기지 않았고, 따라서 나는 그를 가엾게 여기지 않았습니다. 그는 조금도 두려운 빛을 나타내지 않고 죽었으며, 그의 말이나 태도는 고상하고 정중해서 나는 그가 축복을 받았다고 생각했습니다. 그는 신의 부름 없이 저세상으로 가는 것이 아니며, 저세상에 닿아서 행복한 사람이 있다면 소크라테스, 그야말로 바로 그러한 사람이라고 나는 생각했습니다."

그런데 왜 소크라테스가 독배를 마셔야 했을까요? 현자인 그가 무슨 죄를 지었기에?

30년간이나 계속됐던 펠로폰네소스 전쟁은 스파르타의 승리로 끝나고, 마침내 아테네는 패전 국가가 됩니다. 피폐해진 시끄러운 시대는 제물을 요구했습니다. 그래서 소크라테스가 희생양이 된 것입니다. '젊은이를 선동한 죄'와 '이상한 신을 섬긴 죄'라는 모호한 죄목이었습니다.

소크라테스를 만나면 젊은이들이 변했다고 합니다. 가문이 좋아 당연히 정치를 하게 되어 있던 플라톤은 소크라테스를 만나 철학의 길을 선택해 사색과 명상하는 삶을 살게 됩니다. 플라톤이 인생에서 최고로 감사해야 할 일이 소크라테스 시대에 태어난 것이라고 고백한 것만 봐도 알 수 있지 않겠습니까?

그런데 아시지요? 소크라테스가 학교나 강의실에서 철학을 가르친 것이 아니라는 사실 말입니다. 그는 길거리에서, 광장에서, 연회석에서 자분자분 이야기하면서 사람들의 마음속에 있는 무언가를 건드렸습니다. 차분하고 침착한 그의 말에는 인간의 영혼을 흥분시키고 나아가 괴롭히는 힘이 있었다고 합니다. 소크라테스를 사랑하고 미워한 장군 알키비아데스는 소크라테스의 이야기를 들었을 때 가슴이 춤추는 사람처럼 떨렸다고 고백했습니다. 페리클레스*의 강연도 들었지만 좋은 강연이라는 생각만 들었을 뿐이었는데, 소크라테스는 자기를 부끄럽게 만들었다는 거지요. 그래서 알키비아데스는 종종 소크라테스가 세상에서 없어지길 원했다고 합니다.

그 복잡한 심경이 이해가 되십니까? 순수하기 때문에 사랑하지만 부끄럽게 만들기 때문에 외면하고 싶은 그 심경 말입니다. 소크라테스가 죽고 나서 바로 그의 동상을 세우는 아테네를 보면 드라마를 만드는 인간의 애증이 얼마나 우습고도

---

* 아테네의 정치가이자 군인으로 아테네 민주 정치의 전성기를 이끌었다. 페리클레스의 시대는 아테네 최성기였다.

무서운 에너지인지 그저 놀라울 뿐입니다.

제자들에게 삶과 죽음이 어떻게 연결되어 있는지 마지막 가르침을 전한 소크라테스가 독배를 들기 위해 마지막으로 간수에게 묻습니다. 나의 좋은 친구여, 자네는 이 일에 경험이 많을 테니 내가 어떻게 하면 되는지 가르쳐달라고. 간수가 독배를 들고 나서 다리가 무거워질 때까지 걷다가 다리가 무거워지면 누우라 합니다. 그래야 독약이 골고루 퍼져 빨리 죽을 수 있다는 겁니다. 그 이야기를 듣고 수긍한 소크라테스는 평상시처럼 편안한 태도로 독배를 받으며 이렇게 묻습니다.

"이 잔에서 조금을 신에게 헌주하면 안 될까?"

그 대목을 읽는데, 드디어 내 눈에서 눈물이 맺힙니다. '헌주'라니요? 우리에게는 독배가 독인데, 소크라테스에게 독배는 삶의 강을 건너게 해주는 신성한 술이었던 것입니다.

나는 비로소 수자타가 올린 유미죽●과 춘다●●가 상한 음식을 공양한 공덕이 같다고 한 붓다의 가르침이 이해가 됐습니다. 6년 고행을 끝낸 붓다는 수자타가 공양한 죽을 받고 기

● 우유와 찹쌀가루로 끓인 죽. 부처는 6년간의 고행을 끝내고 수자타가 올린 유미죽 공양을 받고 수행 정진해 깨달음을 얻었다고 전해진다.

●● 부처에게 마지막 공양을 한 사람이다. 춘다의 버섯요리를 드신 부처는 식중독으로 열반에 드셨다.

운을 차려 가르침을 시작하게 됩니다. 붓다의 설법이 세상으로 퍼지는 첫걸음엔 바로 수자타의 공양이 있었습니다. 그 붓다가 춘다가 잘못 올린 상한 음식을 드시고 세상을 떠나게 되는데, 붓다는 자신을 살게 한 수자타의 공양이나 죽음에 이르게 한 춘다의 공양의 공덕이 같다고 했습니다. 붓다에게는 진짜 삶과 죽음이 차별이 없었나 봅니다.

그리고 보면 받는 마음이 중요한 거지요. 우리에게는 독배이고 죽음에 이르게 한 음식인 것이 누군가에게는 공양이고 신성한 음료니까요.

현자들의 이야기에서 어떤 마음으로 세상을 살아야 할지 살짝 훔쳐본 것 같지 않습니까?

남의 힘을
빌려 쓰는
방법

이상하지요? 왜 영웅 아킬레우스의 죽음엔 혀를 대지 않으면서 영웅 항우의 죽음엔 혀를 대고 싶은 걸까요? 아킬레우스는 죽음을 두려워하지 않았으나, 항우는 죽고 싶어 하지 않았기 때문에, 살아서 권력을 누리고 싶어 했기 때문이 아닐까요?

그런데 왜 항우는 유방에게 졌을까요? 재능에서나 세력에서나 유방을 능가하면서 말입니다. 왜 항우는 그가 차려 놓은 '천하패권'이라는 엄청난 밥상을 고스란히 유방에게 넘기고 역사의 뒤안길에서 〈패왕별희〉라는 극으로만 기억되어야 했을까요?

무엇보다도 한신 얘기를 하지 않을 수 없겠습니다. 힘이 되고는 있지만 거치적거려 제거하고 싶은 그런 부하들, 꼭 있지요? 한신이 그런 사람이겠습니다.

한신이 항우 편을 들면 항우가 이기고 유방 편을 들면 유방이 이긴다면서요? 그럴 정도로 한신의 능력은 탁월했습니다. 그러나 유방도 한신에게 화가 나 한신을 제거하려 할 정도로 한신은 참아내기 어려운 기질이 있었나 봅니다. 그런 기질이 어떤 거지요?

바로 잘난 척입니다. 리더에게 한신은 능력은 있으나 자기만 아는 사람, 자기 일만 하는 사람입니다. 그런 사람을 편안히 혹은 적절히 쓰기는 어렵지요? 그래서 항우는 자기 밑에 있었던 한신을 무시했습니다. 밟아준 거지요. 한신은 유방에게로 적을 옮깁니다. 자신감도 있고 능력도 있는 사람이 자기를 알아주지 않는 주군을 섬기는 법은 없으니까요.

그러나 장점이 분명한 사람이 바뀌기는 어렵지요? 한신의 잘난 척은 유방의 휘하에서도 계속됩니다. "폐하는 10만 군사를 지휘할 능력이 있으시고, 저는 많으면 많을수록 좋습니다." 천하의 유방에게 이런 발칙한 말을 서슴지 않았다니 한신의 배포 또한 무시할 수 없겠습니다. 그런데 거기까지만 했겠습니까? 한신은 항우에게 시달리는 유방을 찾아가서는 제나라를 안정시키기 위해 자신이 임시로 제나라의 왕이 되어

야겠다고 '통보' 합니다.

그런 한신을 유방도 일찍이 제거하고 싶어 했습니다. 그러나 유방에게는 듣는 귀가 있었습니다. 바로 장자방이라 일컬어지는 책사 장량이었습니다. 믿는 사람이 있다는 것, 그런데 또 그 사람이 지혜롭다는 것은 천하를 얻는 일보다 더 위대한 일입니다. 유방에게 장량이 그랬던 것 같습니다.

그 장량에 대해 《사기열전》은 이렇게 쓰고 있습니다. "이름이 알려진 일도 없고, 용맹한 공적도 없었다. 다만 어려운 일을 쉬운 일 가운데 도모하고, 큰일을 작은 일 속에서 처리했다." 그런 것으로 봐서 장량은 아마도 현자의 면모를 갖춘 조용한 책사였나 봅니다.

장량의 충고를 받아들여 유방은 한신에게 이렇게 말했다지요. 임시는 무슨! 네가 이제는 진짜 제나라의 왕이다! 토사구팽의 꿈을 꾸며 시간을 번 것입니다.

그 입에 발린 말 때문에 한신은 유방이 자신을 신뢰한다고 믿은 모양입니다. 제 꾀에 제가 넘어간 거지요. 한신의 책사 괴철이 항우와 유방 사이에서 독자적인 세력을 만들라고 충고했는데, 그 말을 듣지 않고 자신을 신뢰하는 척하는 유방에 충성하다가 유방에게 제거되니까요. 아시다시피 토사구팽(兎死狗烹)이라는 말은 여기에서 나왔습니다.

항우에게도 책사가 있었습니다. 바로 범증입니다. 《초한지》는 그렇지 않은데, 《사기열전》을 보면 범증은 항우가 진나라를 멸망시키고 천하를 손에 넣는 데 결정적인 역할을 한 인물입니다. 아마 진나라는 그 폭정으로 인해 오래갈 수 있는 권력이 아니었나 봅니다. 범증은 폭정에 대한 불만이 가득 차도 명분이 없으면 제대로 된 세상으로 바꿀 수 없다고 조언하면서 힘과 함께 명분을 키울 것을 조언하는 현실감 있는 전략가였습니다.

《초한지》에서 항우는 그 범증의 조언을 존중하지 않고 무시해 버립니다. 게다가 모반죄까지 씌우지요. 그것은 그가 범증을 믿지 않았다는 뜻이겠습니다. 주인이 믿지 않는데 책사가 주인을 신뢰했을 리는 없지요. 신뢰는 사람과 사람을 이어 주는 끈끈한 끈입니다.

유방에게는 장량이 있었고, 한신이 있었고, 소하가 있었습니다. 유방에게는 많은 사람이 있었으나 항우에게는 범증밖에 없었습니다. 그것도 믿음을 나눠 갖지 못한!

그 사람의 힘이 그 사람 한 사람으로 결정되는 경우는 거의 없지 않나요? 나는 생각합니다. 그 사람의 힘은, 그가 어떤 사람에게서 어떤 힘을 빌릴 수 있는가에 의해 결정된다고. 그 사람이 힘을 빌리는 방식이 그 사람의 지혜고 복이겠습니다.

한나라를 세운 유방은 입에 풀칠도 하기 어려운 가난한 집안에서 태어나 글도 배우지 못한 백수건달이었습니다. 그런 그가 최후 승자가 될 수 있었던 것은 바로 사람 보는 눈과 듣는 귀 때문이었다고 생각합니다.

어떻게 생각하세요? 한 사람의 힘은 그 사람의 힘일까요, 아니면 그가 빌릴 수 있는 힘까지 포함되는 걸까요? 높이 올라가면 혼자 결정하는 것이 권리일까요? 아니면 다른 사람의 지혜를 빌리고 덕을 빌리는 능력이 없는 사람은 높이 올라가면 안 되는 걸까요?

화,
억누르지
마시라

세월호 사건 이후 온 국민이 우울증에 빠졌습니다. 진도 앞 바다에서 일어난 기막힌 사고를, 그 사고를 처리하는 과정을 이해할 수 없는 겁니다. 명치끝에 뭔가가 걸려 토하고 싶은데 토해내지도 못하고 누군가를 향해 돌팔매질이라도 하고 싶은데 힘이 쭉 빠지는 그런 느낌이었습니다.

인간을 대접하지 않는 대한민국이 부끄럽다고, 책임 전가만 하는 무능한 대한민국에 화가 난다고, '대'자도 빼고 '민'자도 빼야 한다고 하는 친구들도 많았습니다.

세상을 바꾸는 '분노'가 있습니다. 영웅 아킬레우스의 분노 같은 것이겠습니다. 사실 《일리아스》*의 주제는 분노, 그것도 영웅의 분노입니다. 물론 영웅 중의 영웅은 아킬레우스**입니다.

아킬레우스가 트로이 전쟁에 참전하지 않았더라면 트로이는 그리스에게 패하지 않았을 겁니다. 아킬레우스가 트로이의 영웅 헥토르와 맞장을 뜨고 헥토르를 죽이려 한 것은 바로 '분노' 때문이었지요. 친구이기도 하고 연인이기도 한 파트로클로스가 헥토르 손에 죽자 격노하여 헥토르를 죽이겠다고 전쟁에 뛰어든 겁니다. 아킬레우스의 분노가 아니었던들 그리스가 트로이를 이길 수 있었을까요?

싸움에도 격이 있는 법입니다.

헥토르는 영웅답게 영웅 아킬레우스의 칼에 맞아 죽습니다. 아킬레우스의 복수는 성공입니다. 그런데 헥토르의 죽음으로 사랑하는 이를 잃은 아킬레우스의 분노가 사라졌을까요? 답은 '아니오'입니다. 그래서 아킬레우스는 해서는 안 되는 일을 합니다. 시신을 존중하지 않은 겁니다. 헥토르의 시신을 마차에 매달고는 파트로클로스의 무덤을 뱅뱅 돌았습니

- 고대 그리스의 시인인 호메로스가 트로이 전쟁을 주제로 쓴 서사시로, 영웅들의 활약상을 그리고 있다.
- 트로이 전쟁을 승리로 이끈 그리스 신화의 영웅.《일리아스》의 중심 인물이다.

다. 이 일로 그는 신의 분노를 삽니다. 죽음은 신의 영역인데 그 성스런 영역을 침범했다는 거지요.

어쨌든 신의 영역까지 침범하면서도 잦아들지 않았던 아킬레우스의 상실감과 분노가 어떻게 사그라졌을까요?

아들을 잃은 상실감에 세상에서 가장 비참하고 초라해진 헥토르의 아버지, 트로이의 왕 프리아무스 때문이었습니다. 아들의 시신을 돌려달라고 변장을 하고 목숨을 건 행보를 한 프리아무스가 아킬레우스에게 이렇게 말합니다.

"신과 같은 아킬레우스여, 혼자 남아 도시와 백성을 지키던 헥토르가 얼마 전에 그대 손에 죽었소. 아킬레우스여, 내게 연민을 가지시오. 나는 세상에 어떤 사람도 하지 못한 일을 하고 있소. 자식을 죽인 사람 앞에서 손을 내밀고 있으니 말이오."

헥토르가 어떤 영웅인가요. 그는 트로이의 기둥이었으며, 든든한 아들이었고, 든든한 형이었으며, 소중한 남편이었고, 좋은 아버지였습니다. 그런 보물 같은 헥토르를 잃어버린 늙은 노인의 슬픔과 진심을 마주하고 나서야 비로소 사그러들 줄 몰랐던 아킬레우스의 분노가 잦아듭니다.

사람들은 분노를 갖지 말라고 합니다. 분노하는 사람의 타액에선 독도 검출된다고 하구요. 실제로 아기가 분노하고 있는 엄마의 젖을 먹으면 경기를 한답니다.

그렇다고 화가 날 때 화를 억누르기만 하면 어떨까요? 그러면 화가 사라지는 것이 아니라 홧병이 생기지 않나요?

어찌할까요. 나는 《일리아스》에 답이 있다고 생각합니다. 그 어떤 것으로도 좀처럼 잦아들 줄 몰랐던 아킬레우스의 분노가 자기보다 더 아픈 프리아무스의 진심을 만나 잦아들었습니다. 그것은 단순히 자기보다 불행한 사람을 보고 위로받는 옹색한 심리가 아닙니다. 그것은 내 상실감을 진실로 이해하는 마음과 마음의 소통입니다. 이해하고 소통하는 일이 곧 화해하는 일입니다. 소통 없는 위로, 소통 없는 화해는 없습니다.

친구의 이야기를 듣는 방법

당신에게는, 존재 이유가 있나요? 젊은 날, 맹목적 열정에 치여 평정심의 싹을 키우지 못했을 때 나는 홀린 듯 실존주의에 매료되었습니다. 특히 존재에는 이유가 없고, 생은 부조리한 거라는 카뮈의 철학은 나를 애늙은이로 만들었습니다.

나도 모르는 사이에 청춘이 지나가고, 맹렬했던 열정이 잦아든 자리에서 나는 그 이면을 보며 다른 고백을 합니다. 존재에는 이유가 있고, 인간은 누구나 등에 자신의 이야기를 지고 나온다고. 인간은 이야기들이 모이는 체험의 집 같습니다.

당신은 운명이라고 해도 좋을 당신의 이야기를 편안하게 되새김질해 본 적이 있습니까? 혹은 운명으로 얽힌 사람들의 이야기를 편안하게 들어주신 적이 있습니까? 〈힐링캠프〉라는

TV 프로그램을 보면서 이런 질문을 해봅니다.

〈힐링캠프〉만의 힘이 있습니다. 생을 고백하게 만드는 힘!
미로 같은 인생에서 그 사람이 본 것을 듣고 있노라면 알지도
못하는 그 친구가 괜히 친하게 느껴집니다. 청문회가 권력에
의한 폭로와 자백의 질의 응답이라면, 〈힐링캠프〉는 고백과
경청의 질의 응답입니다. 형식은 모두 질의와 응답이고, 내용
은 그 사람을 알자는 것인데, 저렇게 다를 수가 있을까요?

청문회를 통과하면 상처받지 않은 인간이 없고, 〈힐링캠프〉
를 통과하면 빛나지 않은 인간이 없습니다. 청문회에는 공격
과 방어가 있고, 〈힐링캠프〉에는 던지고 받는 친밀함이 있습
니다. 청문회에는 도덕성 검증이 있고, 〈힐링캠프〉에는 공감
이 있습니다. 청문회에는 "존경하는 의원님들"이 있고, 〈힐링
캠프〉에는 툭 쳐주는 악동들이 있습니다.

청문회에는 비난하고 훈계하는 상대가 있지요? 그런데도
상대는 배우는 것 같지 않고, "존경하는 의원님"이라는, 아무
도 쓰지 않는 존칭어를 써 가며 답변을 해도 웃기지 않는 개
그 같을 뿐, 마음을 열고 자기 이야기를 들려주는 것 같지 않
으니 우리 생이 기대하는 것이 도덕이나 훈계의 청문회는 아
닌 모양입니다.

누군가의 비난과 도덕적 훈계로 우리가 바뀌지 않듯 우리

의 훈계로 바꿀 수 있는 것도 별로 없는 건 아닐는지요.

살면서 청문회를 즐기는 사람들이 있습니다. 질문이 사랑이 아니라 걱정이 되고 비난이 되는 사람, 그런 사람 앞에서는 저절로 마음의 빗장이 닫히기 때문에 답변도 우물쭈물, 방어적으로 되지 않나요? 정직해지기 힘듭니다. 마음의 빗장이 열리지 않고서 마음의 이야기가 흘러나오는 법은 없습니다.

물론 공직자를 뽑기 위해서는 청문회가 필요합니다. 그러나 일상에서 필요한 것은 청문회가 아닌 〈힐링캠프〉입니다. 가까운 친구들과 종종 모닥불의 시간을 가져 보시지요. 그 과정은 칭찬도 비난도 없이 마음을 열고 들어주는 사람과의 교감이고, 그 궁극은 스스로와의 교감입니다.

사실 명치끝에 걸려 소화되지 않은 우리의 이야기는 나오지도 않고, 털어놓을 필요도 없습니다. 그저 몸살처럼 잘 앓고, 화두처럼 잘 품으면 됩니다. 따뜻한 마음은 그 사람이 대답하지 않는 걸 캐묻지 않습니다. 질문자는 판관 포청천이 아니며, 우리는 죄인이 아니니까요. 〈힐링캠프〉의 고수는 캐묻는 사람이 아니라 이야기가 흘러나올 수 있도록 편한 분위기를 만들어주고 장단만 맞춰주는 사람일 뿐입니다.

우리 인생의 〈힐링캠프〉는 친구의 이야기를 모두 알려 하는 것이 아니라 소화되지 못해 묶이고 끊어진 이야기들이 그

사람 안에서 자연스럽게 이어지고 흐를 수 있도록 그저 모닥
불을 피워주는 것입니다. 불빛에 힘입어 스스로 자신의 삶에
질문을 던지도록. 그리하여 그가 스스로 자신에게 귀 기울여
해답을 구하도록. 그렇게 얻은 자신의 이야기는 불빛 따라 자
연스럽게 마음에서 마음으로 흐르게 되어 있습니다.

당신
주위에는
누가 있나요

권력의 정점을 뽑는 대통령 선거는 전쟁입니다. 야심과 야심이 부딪치며 들끓는 전쟁! 사실 야심은 나쁜 게 아니지요. 세상을 바꿔보겠다는 야심, 세상의 중심이 되어 보고 싶다는 야심은 때론 활력이고, 꿈이고, 생명입니다. 그런데 그 야심이 원력•이 되지 못하고 사심(私心)으로 그치면 욕심에 눈멀고 귀먹어 나라가 보이지 않고 국민의 소리가 들리지 않습니다. 그렇게 되면 상대에 대해서는 적이라 해도 좋을 만큼 가혹하기만 하고, 생존이 문제 되는 곳에서 자주 그렇듯, 자신에 대해서는 그저 맹목이 됩니다.

• 원력(願力) : 원하는 바를 이루려는 마음의 힘.

대통령이 되고자 하는 사람들에게는 물어야 합니다. 왜 대통령이 되려 하시나요? 무엇을 보호하고 무엇을 존중하기 위해 그 전쟁터에 나서셨습니까? 꼭 당신이어야 하나요? 투쟁의 목적이 뭔가요? 이것도 하고 저것도 할 테니 나를 찍으라는 구걸의 논리 말고, 유비가 공명을 설득했듯 그렇게 한 세계를 보여줄 수 있는 큰 논리가 있나요?

《삼국지》 보셨지요? 힘은 관우나 장비에게 뒤지고, 머리는 공명에게 뒤지는 유비가 그들의 주군인 게 이상하지 않습니까? 유비의 사람들은 돈이나 권력 때문에 모여든 게 아닙니다. 그들은 태평성대를 일궈보겠다는 원력으로 모인 사람들입니다. 유비조차도 그 원력의 구심점일 뿐입니다.

사실 그릇의 크고 작음으로 논한다면 유비보다는 조조가 아니겠습니까? 누가 조조만큼 똑똑하겠습니까? 그러나 똑소리 나는 조조에겐 조조 자신을 빼곤 영웅이 없습니다. 생각이랄 것도 없이 몸으로 행동하는 장비도, 다부진 관우도, 냉정하기까지 한 공명도, 올곧은 조자룡도 모두 유비의 사람이고 유비의 영웅입니다. 도대체 별 개성이 있어 보이지도 않는 유비의 매력은 뭘까요?

유비는 가슴형 인간입니다. 그의 가장 큰 매력은 공명(共鳴)입니다. 느낄 줄 아는 존재인 거지요. 그는 공명을 자신의 머리로 느끼며 존중하고, 관우를, 장비를, 조자룡을 수족으로 느끼며 아낍니다. 바람처럼 자유롭고 거목처럼 중심이 있었던 공명이 왜 유비를 주군으로 섬겼을까요? 억압하지 않고 막지 않고 믿어주는 주군이었기 때문이 아닙니까?

삼고초려(三顧草廬)는 아무나 할 수 있는 게 아닙니다. 그것은 '나'를 무대로 '너'의 춤을 추어도 좋다는 자신감의 춤입니다. 그 자신감 위에서 '너'를 완전히 신뢰하겠다는 결단의 증표이기도 합니다. 그런 유비니 괜찮은 장수들이 따르는 것입니다.

두루 인재를 쓸 줄도 아는 노회한 조조지만 조조는 의심도 많습니다. 어떤 영웅이 의심 많은 주군을 섬기겠습니까. 어떤 영웅이 충성을 시험하는 주군과 함께 뜻을 세우고 기를 펴겠습니까. 평가하고 심판하는 군주는 외로울 수밖에 없습니다. 조조는 승운이 없는 유비의 수하 영웅들을 부러워하며 훔치고 싶어 합니다. 그러나 훔쳐간들 그들이 유비에게처럼 조조에게 충성할까요? 영웅들처럼 사람을 가리는 이들도 없는데.

명산이 명산인 건 산 좋고 물이 좋아서가 아니라 현자가 살고 있기 때문입니다. 삼국을 통일하지도 못했던 유비가 명산인 건 사심을 버릴 줄 알았던 사람들, 공명이 있고, 관우가 있고, 조자룡이 있었기 때문입니다. 사심을 내려놓을 때 눈이 열려 사람이 보이고 길이 보이고 나라가 보입니다. 유비를 무대로 활개를 펴는 영웅들을 보면, 꿈같은 인생, 꿈인 줄 알고 아름다운 꿈을 꾸는 사람들이 보입니다.

당신 주위에는 누가 있나요? 당신 주위의 사람들이 당신을 설명합니다.

신은
평범한 모습으로
찾아온다

로마에서 로마서를 읽는 건 어쩐지 어울리지 않지만 인도에서 《바가바드기타》*를 읽는 건 제법 어울리지 않나요? 로마와 어울리는 건 차라리 〈로마의 휴일〉입니다. 오드리 헵번을 기억하면서 로마 시내를 구석구석 걷다 보면 로마가 허용하는 낭만에 취해 '나'를 다시 보게 될 것입니다. '나'는 내가 믿는 것보다 훨씬 자유로운 사람이고 훨씬 괜찮은 사람이라고 말입니다.

여행을 하면서는 책을 읽지 않는 게 오래된 습관인데도 남인도 벵골 바닷가에서는 《바가바드기타》가 찾아왔네요. 그

---

* 힌두교의 중요한 성전 중 하나.

책을 번역한 길희성 교수와 함께한 인도 여행이고 보니 선생님이 그 내용을 줄줄이 꿰고 있었던 것입니다.

"그대가 관여할 일은 오직 행위일 뿐, 어느 때이건 결과는 아니다. 행위의 결과를 동기로 삼지 말며, 행위하지 않음에 집착하지도 말라."

행위하라, 결과에 구애받지 말고! 그 뜻이지요? 결과를 짐작해서 스스로 속박을 만들지도 말고, 놓아야 한다는 강박증을 앓지도 말고 오직 행위에만 관여하라는 말입니다. 평생 간 다가 삶의 지침서로 삼은 책답지 않습니까.

그렇게 충고하는 저 현자는 태양의 신이고, 사랑의 신인 크리슈나입니다. 크리슈나에게 "어찌하오리까"라고 묻는 이는 바로 아르주나 왕자입니다. 모두가 떠받들었을 때 모두를 무시한 오만했던 왕자는 전쟁이라는 감당하기 힘든 사태를 만나 오만을 토해내고 인생공부를 하게 된 거지요. 더구나 쫓고 쫓기고, 죽고 죽이는 가혹한 전쟁터에서 섬멸해야 하는 적은 다름 아닌 식구들입니다. 왕권을 놓고 사촌과의 전쟁이 시작된 겁니다.

"내가 왜 이런 전쟁을 하고 있습니까? 크리슈나여! 삶은 너무 잔인하고 가혹합니다. 내 마음은 슬픔 속에 소용돌이칩니다. 서 있을 수도 없습니다."

벵골 만 해변에는 모래 속에 파묻혀 천 년을 지내다 19세기에 발견된 사원이 있습니다. 바로 아르주나 왕자가 치러야 했던 전쟁을 묘사한 사원, 파이브 라타스입니다. 아르주나의 다섯 형제를 기리는 사원인데 당연히 아르주나의 신, 크리슈나도 있습니다. 휘청거리는 아르주나를 잡아주는 크리슈나는 아르주나에게 얼마나 믿음직스럽고 신비한 존재겠습니까.

"오늘날 사람들은 만족을 모르는 욕망에 내몰림으로써 음모와 분노에 사로잡혀 있습니다. 사람들은 부와 재물을 좇으며 삶을 허비합니다. 숨이 막힐 때까지 자만과 기만으로 채웁니다. 그리하여 그들은 낙담으로 가라앉고 있습니다."

숨이 막힐 때까지 자만과 기만을 채우는 우리! 그러니 숨이 막혀야 비로소 자만과 기만을 토해내겠지요.

같은 피를 나눠 갖고 태어나 같은 꿈을 꾸며 성장한 자를 적으로 맞아야 하는 운명은 오만한 전사들이 스스로 만든 운명인지도 모르겠습니다. 입으로는 평화를, 대화를 원한다고 하면서 귀는 막고, 왜 내 뜻대로 하지 않는 거냐고 내 할 말만 속사포처럼 쏟아낸 경험, 없으십니까. 그때의 말은 대화의 악기가 아니라 분노의 검이지요. 그런 경험을 해보면 알게 됩니다. 그 분노의 검에 다치는 자, 누구보다도 '나' 자신이라는 사실을.

그런데 그거 아십니까? 비슈누의 화신이며 지고의 신인 크리슈나가 바로 아르주나의 마부였다는 사실! 어쩌면 우리의 신은 그렇게 높고 높은 보좌만 고집하지 않는지도 모릅니다. 아니, 부의 옷이나 권력의 옷으로 치장할 필요 없는 그는 시시하다고 해도 좋을 정도로 평범한 모습으로 찾아와 엉킨 운명의 실타래를 풀 수 있도록 '나'를 격려하고 있는지도 모릅니다.

삶이 송두리째 진화하는, 이런 사랑

내가 프란치스코*를 사랑한다면, 진심으로 사랑한다면, 나는 프란치스코의 스캔들이 될까요, 아니면 그 깊디깊은 사랑의 에너지로 하느님에게 가닿을까요? 이번 교황이 내가 사랑한 남자, 프란치스코, 그 아름다운 이름을 선택했을 때, 역시나 했습니다.

그런 사람의 이름은 단순한 의례나 멋이 아니라 지향성이고 불씨지요. 프란치스코를 사랑한 남자답게 방탄차를 타지 않고, 스스럼없이 사람들과 인사하고, 아픈 사람들을 축복하

---

* 아시시 프란치스코. 1181년 이탈리아 부유한 상인의 아들로 태어났다. 젊은 시절 방탕한 삶을 살다가 회개하여 수도회를 만들고 평생 청빈한 삶을 살았다.

는 온화한 교황을 보니 교황청의 변화가 보입니다.

사실 프란치스코는 누구보다도 클라라가 사랑한 남자, 클라라를 사랑한 남자입니다. 사랑하는 사람은 연인에게 자신이 가진 모든 것을 주지 않나요. 돈이 많은 사람은 돈을, 두려움이 많은 사람은 불안을, 의혹이 많은 사람은 분노를, 감정적인 사람은 격정을, 집착이 많은 사람은 편견과 질투를, 온화한 사람은 편안함을 줍니다. 그러면 거지처럼 탁발하며 살아도 왕처럼 자유로웠던 프란치스코가 클라라에게 준 것은 무엇일까요?

그것은 신적 불꽃이었습니다. 백작의 딸 클라라는 맨발에 누더기를 걸치고 아시시의 골목길을 지나가는 프란치스코를 우연히 만나 생의 전환점을 맞습니다. 그런 사람이, 그런 사랑이 있나 봅니다. 신분도, 재산도, 젊음도, 심지어 아름다움까지도 다 버릴 수 있는 사랑! 프란치스코와의 사랑을 위해 어쩔 수 없이 그 좋은 것들을 버린 것이 아니라 프란치스코 덕에 눈을 내면으로 돌리게 된 것이지요. 그리고 그녀는 더 깊은 세상을 만났지요. 아시시에 가면 아직도 그녀가 만난 세상의 흔적이 성클라라 성당으로 남아 있습니다.

수녀원에서 하느님을 전하고 가는 프란치스코에게 클라라가 무엇을 해주면 좋겠느냐고 묻자 프란치스코가 답합니다.

가난한 사람들에게 헝겊 한 조각씩을 얻어서 수도복을 지어 달라고. 그 시절 가난한 사람들이 입은 누더기 옷은 그들이 가진 옷의 전부였습니다. 그들 속에 들어가 한마음이 되지 않으면 어떻게 헝겊을 얻을 수 있겠습니까? 그것은 두 사람이 어디서 하느님을 찾았는지, 그리고 어떻게 살았는지를 보여 주는 단면일 것입니다.

클라라는 몇 년의 시간을 들여 세상에서 한 벌뿐인 옷을 한 땀 한 땀 완성해 갔고, 그 옷을 받아든 프란치스코는 헝겊 조각 하나하나에 입을 맞추며 가난을 축복했습니다. 평생 몇 번 만나지도 않은 두 사람이 왜 최고의 연인인지, 보이지 않습니까? 그렇게 삶이 송두리째 변하며 진화하는 만남이 있나 봅니다.

가난하게 살았으나 가난하게 살지 않은 사람을 욕하지 않고, 가난한 사람들과 함께 살았으나 가난한 사람을 위해 자비를 베풀 줄 모르는 사람을 욕하지 않은 구도자! 절대적으로 신을 믿었으나 자기가 본 신이 절대적이라고 주장하지는 않은 성자! 오히려 프란치스코는 신에 대해 아무것도 모른다며 신에 대한 무지를 고백했습니다. 그는 논리적인 말로 신을 가르치려 들지 않았고, 다만 악기통처럼 자신을 비워 신의 음악이 연주되도록 했습니다. 변화시킬 수 없는 것은 그것을 받아들일 수 있는 평화로운 마음을, 변화시킬 수 있는 것에 대해서는 변화시키려는 용기를, 그리고 무엇보다 변화시킬 수 있는 것과 없는 것을 구별할 수 있는 지혜를 달라는 그의 기도는 신의 악기가 빚어낸 울림이었던 것입니다.

'나, 아무것도 바라지 않는다. 나, 아무것도 두렵지 않다. 나는 자유다'라는 묘비명을 가진 니코스 카잔차키스 역시 프란치스코를 사랑한 남자입니다. 그는 프란치스코에 매료되어 프란치스코의 흔적을 찾아 미친 듯 돌아다녔고 마침내《성 프란치스코》를 썼습니다. 그런 카잔차키스의 마음이 이해가 됩니다.

사랑해서는
안 될 사람을
사랑한다면

인간의 감정 중 가장 덧없는 것이 사랑의 감정이라면서요. 그건 그만큼 사랑이 강렬한 것이기도 하다는 뜻이겠습니다. 전 존재를 던지게 만드는 그 시간을 모른다면 덧없다는 고백조차 나오지 않을 테니까요. 그 강렬한 사랑의 덫에 걸려보신 적이 없으신가요? 그렇다면 톨스토이의 안나가 왜 그렇게 아름다운 여인인지 죽어도 이해할 수 없을 겁니다.

《안나 카레니나》는 많은 감독에 의해 영화로 만들어졌지요. 최근에는 키라 나이틀리가 안나를 연기했습니다. 나는 비비안 리의 안나를 좋아합니다. 어느 여배우가 있어 안나를 비비안 리처럼 잘 소화할 수 있을까요? 비비안 리는 눈빛과 몸짓과 말 한마디 한마디가 모두 안나 그 자체 아니었나요?

줄거리 상으로 보면《안나 카레니나》는 남편 있고 자식 있는 여인이 멋진 남자를 만나 무분별한 열정에 빠져드는 이야기입니다. 잃을 것이 많은 귀족 유부녀가 뭐가 부족해서 불륜에 빠질까요?

불륜의 대가는 엄청났습니다. 영혼을 빛나게 해줬던 남자도 잃고, 든든했던 가족도 잃고, 목숨도 잃습니다. 톨스토이는 그런 안나를 응징한 것이 아니라 사랑한 겁니다. 그리하여 신분 따지고 예절 따지고 돈 따지고 명예 따지느라 편견만 많아진 귀족의 삶을 고발하면서 사랑에 솔직한 여인에게 생명을 준 것입니다.

열정적인 여자 안나의 남편은 의무밖에 없는 사람입니다. 설교와 통제에 능한 그는 오랫동안 느낌을 억압하고 살아온 남자 같습니다. 오죽하면 안나가 그 사람은 남자도 아니고, 인간도 아니라고, 그저 인형이고 기계라고 하겠습니까. 자기 느낌을 억압하고 살아온 사람은 가까운 이의 느낌도 존중하지 않습니다.

"그 사람은 8년 동안 내 생활을 압박했고, 나의 생기를 억눌렀고, 무얼 하든 나를 억눌렀어요."

느낌을 모르는 남자와 사는 열정적인 여자가 "당신의 말 한마디 몸짓 하나를 어떻게 잊을 수 있냐"며 다가오는 열정적인 브론스키 백작을 어찌 거부할 수 있었겠습니까. 아니 거부하기 싫었을 것입니다. 그러고 나니 이제 안나의 사랑은 목숨 건 사랑입니다. 아무도 인정해주지 않으니까요.

목숨 건 사랑보다 두루두루 원만한 사랑이 익숙한 나이가 됐음에도 사랑에 목숨 건 안나를 생각하면 가슴 한쪽이 시리네요. 아마도 목숨 건 사랑을 모르고서는 진짜 두루두루 원만한 사랑을 할 수 없기 때문인가 봅니다.

사랑의 운명을 보여주는 상징이 있지요. 꿈으로 오기도 하고, 사건으로 오기도 하는 것! 사랑 없이도 살 수 없었고, 사랑만으로도 살 수 없었던 안나의 칼끝 운명은 사건으로 왔습니다. 브론스키에게 한눈에 반하던 날 열차 사고로 한 사람이 죽는데, 그 상징처럼 마지막에 안나가 기찻길에 몸을 던지는 것도 생각해볼 만한 대목입니다. 당신의 사랑은 어떤 이미지로 구현되고 있나요?

그나저나 사랑해서는 안 되는 상황에서 사랑한 여자는 무서운 여자일까요, 어리석은 여자일까요? 만약 두 선택지뿐이라면 당신은, 사랑하는 사람과 불행하시겠습니까? 사랑하지 않는 사람과 편안하시겠습니까?

사랑도 지키지 못하고, 가족도 지키지 못하고 마침내 자기 자신도 지키지 못한 안나가 적당히 모든 것을 지키며 살고 있는 우리들에게 묻습니다. 적당히 사는 것을 용서하지 않는 삶에 대해 당신이 알고 있는 게 무엇이냐고.

그러고 보니 발타사르 그라시안 신부의 저 문장들은 안나를 위한 문장 같습니다.

"사랑이 깊을수록 우리가 겪게 될 고통 또한 커진다. 그렇지만 고통에서 벗어나기 위해 사랑을 포기할 수는 없다. 사랑을 모두 버린다면 우리의 영혼은 차가운 돌덩어리와 같을 테니까."

걱정으로
미쳐본
당신을 위해

사랑이 외로운 건 운명을 걸기 때문이라면서요? 그런데 어쩔까요? 심장이 두근두근 떨리는 건 운명을 걸게 만드는 징조인걸요. 조용필이 환갑을 넘겨 발표한 곡, 〈바운스〉를 들어보셨나요? 처절하지도 않고 처연하지도 않고 쓸쓸하지도 않고 아득하지도 않은 것이 조용필 노래의 문법을 따르고 있지 않습니다. 그런데 그 점에서 조용필의 노래답지 않나요? 〈단발머리〉가 그랬던 것처럼.

조용필 노래가 청바지를 입고 엎드려 제비꽃에 도취된 느낌, 바로 그 느낌이었습니다, 〈바운스〉는. 낮고 젊고 가벼운 것이 운명을 걸게 만드는 사랑이라기보다 소년의 소녀 사랑혹은 봄 처녀의 꽃 사랑 같습니다. 환갑이 넘은 나이에도 어색하지 않은, 봄처럼 젊은 감각이 역시 가왕답습니다.

조용필, 가왕입니다. 조용필을 가왕이라 할 때 그 뜻은 노래를 제일 잘하는 가수라기보다 음악으로 세계를 일구고 성을 세운 음유시인이란 뜻이겠습니다.

나는 비교적 늦게 조용필에 반했습니다. 친구들이 "용필 오빠"에 미쳐 콘서트를 쫓아다닐 때 무슨 이름이 그렇게 촌스럽냐며 홀로 우아한 척하다가 어느 날 우연히 〈킬리만자로의 표범〉을 들었는데…! 그때부터 내게 '조용필'이라는 이름은 디오니소스보다도, 오르페우스●보다도 더 빛나는 이름이 되었습니다. 역시 이름을 빛나게 하는 것은 이름 자체가 아니라 사람이고, 그 사람의 삶입니다.

대한민국 가요사에서 디오니소스 사제를 한 사람만 꼽으라 한다면 단연 조용필, 아닌가요? 디오니소스는 니체의 신입니다. 니체는 올림푸스 열두 신 중에 유일하게 인간의 몸에서 잉태되어 서양 역사에서 존재감이 덜했던 신, 디오니소스를 새롭게 발견하여 생명력을 불어넣었습니다. 우리 사는 세상에다 디오니소스를 봄처럼 꽃처럼 젊음처럼 도발적인 존재

● 그리스 신화에 나오는 시인이자 악사로 초인적인 음악적 재능을 갖고 있었다고 전해진다.

로 살게 한 것입니다.

실제로 조용필의 콘서트에 가보면 디오니소스의 임재를 경험합니다. 허공이 슬픈 베아트리체의 탄식으로 가득 차고, 킬리만자로의 표범이 창밖의 여자를 업고 산정 높은 곳으로 올라가면, 현실과 타협하느라 꾹꾹 눌러 이루지 못한 꿈들이 아질아질 아지랑이처럼 피어오르며 모두가 사랑이었다고, 인생이란 따뜻한 거라고 노래하게 됩니다.

그 겨울의 찻집에서 모나리자를 불러보고, 추억 속의 재회를 꿈꾸며 바람이 전하는 말을 들어보십시오. 노래로부터 갈피 모를 감정들이 뭉클뭉클 내 안으로 흘러들어와 심장이 뛰고 눈빛이 빛나며 사는 게 좋다는 탄성을 지르게 됩니다. 거침없이 살고 사랑하고자 했던 우리 뜨거운 젊은 날이 황홀한 도취 속에서 살아나 노래가 되고 눈물이 되고 함성이 되는 거지요.

니체가 지적하듯 디오니소스적 격정의 본질은 망각, 완전한 망각입니다. 《비극의 탄생》은 이렇게 말합니다.

"디오니소스적 격정이 고조되면서 주관적인 것은 완전한 망각 속으로 사라지게 된다."

인간과 인간 사이의 구별이 해체되는 그 몰입과 망각의 시간이야말로 내가 정화되는 시간, 너와 내가 화해하고 결합하는 시간입니다. 재산이나 지위나 신분이나 과거에 의해 격리된 너와 나의 높은 장벽이 허물어지는 그 광기의 시간 없이 어찌 인간이 이성의 질서에 숨 막히지 않을 수 있을까요, 이성의 억압 속에서 왜곡되지 않을 수 있을까요.

디오니소스에 매료된 자, 이렇게 고백합니다. 나는 사랑하노라, 산에서 만나는 고독과 악수하며 그대로 산이 된 자를. 음악의 신 디오니소스는 술의 신이기도 하지요. 꽃비가 내리는 이 화사한 밤에 잔을 들어보시지요. 디오니소스적 격정으로 미쳐본 자를 위하여, 건배!

내가
만나는 사람이
내 세계다

부처님도 동물로 살았던 시간이 있었다면서요. 하긴 억천 만겁을 윤회하면서 살아보지 않은 생이 어디 있겠습니까. 그런데도 사람으로 태어나는 일은 아주아주 어려운 일이라 합니다. 사람 아닌 존재는 무시해도 괜찮다는 말이 아니라 허송 세월로 흘려보낼 수 없는 사람의 시간이 얼마나 소중한지 일깨우는 말이겠습니다. 사람이 세계니까요.

사람이 세계입니다. 플라톤은 소크라테스를 만나 삶이 바뀝니다. 현자를 만나 운명이 바뀌고 운명을 바꾼 거지요. 아테네 민주 정치가 꽃을 피웠던 그때 가장 전설적인 정치인은 역시 설득의 귀재였던 페리클레스였습니다. 소크라테스도 참

전했던 펠로폰네소스 전쟁에서 죽은 전사들을 위해 그가 남긴 추도사는 지금도 전해질 만큼 명문입니다.

"우리는 아름다운 것을 사랑하되 사치로 흐르지 않으며, 지혜를 사랑하되 나약하지 않습니다. 또한 부를 자랑거리가 아니라 행동의 기회로 알고 활용합니다. 가난을 시인하는 것은 부끄러운 일이 아니나, 빈곤 타파를 위해 아무것도 하지 않은 일은 부끄러운 일입니다."

페리클레스의 강연을 좋아했던 알키비아데스는 제자들과 대화하는 소크라테스를 보고 이렇게 말했습니다.

"페리클레스의 강연도 들었으나 이렇게 가슴이 설레고 떨리진 않았습니다. 그럼에도 나는 종종 소크라테스가 세상에서 없어지길 원했습니다. 그러나 그가 없어진다면 내 슬픔 또한 커질 것입니다."

알키비아데스는 왜 소크라테스를 좋아하면서도 종종 죽기를 바랐을까요. 자신이 포기하지 못하는 것 때문이지요. 불쾌하고 더럽고 수치스러운 자기 그림자를 보기 싫어, 거울이 되고 있는 사람에게 뒤집어씌우는 일은 흔한 일입니다. 그런 면에서 예수나 소크라테스가 억울하게 죽은 일은 어쩌면 자연스러운 일일 것입니다.

소크라테스가 독배를 마시고 세상을 떠나자 플라톤은 아테네를 떠납니다. 그는 소크라테스를 죽인 세상에 머물고 싶지 않았습니다. 아마 플라톤 인생에서 가장 큰 사건은 세상을 다 준다고 해도 바꾸고 싶지 않았던 한 사람, 스승의 죽음이었을 것입니다. 그래서 그는 다 버리고 유랑을 떠납니다. 충격과 고통의 심연에서 걸어 나올 힘이 생길 때까지 세계 곳곳을 떠돌았던 거지요. 그리고 10여 년 후 자신을 떠나게 했던 처음 그 자리, 아테네로 돌아와 소크라테스를 회상합니다. 실제 소크라테스의 생각일 거라고 추정되지 않는《소크라테스의 대화록》에서도 소크라테스가 주인공인 것은 소크라테스야말로 플라톤 세상의 원천이기 때문은 아닐까요.

　스승 없이는 깨달음도 없다고 합니다. 스승을 만난 자는 스승은 단순히 지식 전달자가 아니라 세계 그 자체이고, 목숨이라고 고백합니다. 달마선사로부터 내려오는 선불교의 맥이 되고 있는, 인천 용화사의 송담선사와 그 스승 전강선사의 일화는 스승과 제자가 얼마나 소중한 인연인지를 보여줍니다. 포탄이 떨어지는 6·25전쟁 난리통에서도 전강선사는 수행하는 제자의 양식을 구하러 다녔다고 합니다. 나는 죽어도 너는 살아 깨달음을 얻어야 한다는 거지요. 사람 좋은 사람의 착한 매너가 아닙니다. 그렇다면 얼마나 부담스럽겠습니까? 그것은 자기 속의 참사람을 찾고자 하는 제자에게 그 일이 얼마나 중요한 일인지 아는 스승의 배려입니다.

그것이야말로 사람으로 태어나는 일이 아주아주 어려운 일이라는 것을 아는, 삶에서 존엄을 발견한 사람의 힘, 현자의 힘이 아니겠습니까?

어리석은 사랑은 언제나 아름답다

레오나드로 디카프리오를 보니 세월이 무상하네요. 소년의 심장을 가진 청년이었던 〈타이타닉〉의 잭은 간데없고, 중후한 중년 미남이 개츠비로 남았네요. 하긴 우리 중 누가 있어 무정한 세월을 거스르겠습니까. 세월을 거슬러 이루지 못한 사랑의 꿈을 이루려는 개츠비가 희망이라는 이름으로 포장된 집착의 무게를 생각하게 합니다.

사랑은 그 자체 목적이기 때문에 이루어지지 않은 사랑은 없다고 하지만, 현실적으로는 이루어지지 않은 사랑의 상처가 만만치 않지요. 누추하거나 덤덤한 인생에 별처럼 다가와 불꽃처럼 사라진 사랑이 지나간 자리에서 당신은 어떻게 하셨나요?

개츠비는 열심히 돈을 벌었습니다. 가난했기 때문에 연인이 떠났다고 믿었으니까요. 그리고 부자가 되어 이미 유부녀가 된 연인 앞에 나타납니다. 모든 걸 되돌리겠다는 거지요.

그거 아세요? 사랑이었고 그래서 희망이었던 여인, 희망이었기에 미래이기도 해서 그녀 없이는 어떤 영광도 공허해지는 남자의 강한 집착! 가난을 벗어났어도 여전히 가난했던 시절을 벗어버리지 못한 남자의 콤플렉스라 하기엔 개츠비는 너무나 거침없고, 사랑이 성공의 완성이었던 시대에 남자의 야망이라고 폄하하기엔 개츠비는 너무나 순수합니다.

더구나 상대는 개츠비의 열정이 아깝기만 한 데이지입니다. 예쁘기만 한 알깍쟁이 상류층 여자 말입니다. 많이 가졌기에 모든 것이 쉬운 사람은 여간해선 자신의 기득권을 포기하지 않지요.

예, 데이지는 속물입니다. 캐리 멀리건이 아름다운 속물 데이지를 잘 소화하고 있네요. 개츠비의 엄청나게 큰 저택과 화려한 파티, 거기다 자기만 바라보는 열정에 잠시 혹하긴 해도, 다른 여자와 놀면서 전혀 죄책감을 느끼지 않는 남편을 떠나지 않는 것은 경제적으로, 사회적으로 남편이 훨씬 안정적이기 때문입니다.

그런데 그런 속물을 잊지 못해 속물이 원하는 모든 것을 속물스럽게 얻은 개츠비가 왜 위대한 거지요? 개츠비를 추동하는 에너지가 낭만, 낭만이기 때문입니다. 연인을 위해서 죽을 수도 있는 자는 비난할 수 없지 않나요? 더구나 별 가치도 없는 연인을 위해 개죽음을 마다하지 않는 자, 그렇게 허무하게 사라질 수 있는 자 앞에서 무슨 훈수를 둘 수 있을까요?

영화 〈위대한 개츠비〉를 보면서 많이 졸긴 했지만 문득문득 눈이 반짝했던 건 개츠비의 성격이 내가 좋아했던 누군가를 닮았기 때문이었습니다. 개츠비가 까치를 닮지 않았나요? 〈공포의 외인구단〉의 까치! 별것도 아닌 속물 엄지가 뭐라고, 엄지를 위해서는 어느 것도 아깝지 않은 듯 그 무엇도 아끼지 않았던 우리의 까치 말입니다.

목숨 건 사랑의 아이콘 '까치'를 낳은 이현세 선생은 까치를 그의 콤플렉스가 만든 인물이라 고백하면서 《공포의 외인구단》을 통해 허기진 것 같기도 하고 미친 것 같기도 했던 자신의 젊은 날의 초상을 완성하고 거기서 걸어 나왔다고 했습니다. 충분히 사랑하고 사랑받은 까치는 그럴 수 있겠으나 각박한 속물들의 등쌀에 밀려 제대로 사랑하지 못한 개츠비의 집착은 끝날 것 같지 않습니다.

고독이나 절망뿐인 사랑이라도 포기할 줄 모르고 사랑에만 몰입했던 순수한 영혼에게는 저절로 '위대한'이란 수식어를 붙여주고 싶습니다. 위험하지 않은 모험이 없듯 어리석은 줄 모르는 사랑은 없습니다. 집착은 사랑이 아니라고 옆에서 아무리 말려도 생명이 다하는 날까지 그 어리석은 사랑을 멈추지 않는 사람은 아름답습니다, 아니 위대합니다. 탈 대로 다 타지 않고서는 집착은 끝나지 않으니까요.

사랑을
강요할 때
생기는 일

기쁨과 슬픔은 짝이지요. 꽃이 지는 걸 보고 싶지 않으면 꽃을 가꿀 수 없듯 슬픔을 원하지 않으면 기쁨도 포기해야 합니다. 반대로 사랑의 기쁨을 누리는 자에게는 이별의 슬픔 까지 따르게 되어 있습니다.

중학생 조카가 어렸을 적부터 키우던 강아지 자연이를 잃 었습니다. 이별의 슬픔에 얼마나 애간장이 녹았는지, 통곡하 다 실신해버린 아들을 그냥 두고 볼 수 없었던 동생 내외는 자연이를 화장한 후에 선산에다 묻었답니다. 이별의 의식을 정중히 치른 거지요. 그래야 애가 선산도 자주 찾을 것 같다 는 얘기를 전해 들은 어머니는 감정이 복잡했나 봅니다.

"세상에, 제 할아버지 돌아가셨을 때도 안 울던 녀석이….

피를 주고 살을 준 할아버지, 할머니가 강아지보다 못한 세상이구나!"

피를 받고 살을 받아 태어나게 된 그 인연의 소중함을 알기에는 가족제도가 너무 빨리 해체되어 가고, 세상은 각박해만 갑니다. 그 각박한 세상을 뚫고 자기를 돌아보기까지 아이들은 시간이 많이 걸릴 것입니다. 그러고 보니 아름다운 모자 한 쌍을 보았습니다.

이진강 변호사가 얼마 전에 어머니를 잃었습니다. 문상을 간 우리에게 그가 나직하게 들려준 고백은 잊을 수가 없습니다. 99세로 세상을 마치신 어머니를 염하며 "어머니, 낳아주셔서 고맙습니다. 길러주셔서 고맙습니다"라는 기도가 절로 나왔다고 합니다. 기쁨이든, 슬픔이든, 아픔이든, 사랑은 그렇게 우러나와 넘쳐흐를 때 자연스럽습니다.

현실적으로 강아지가 엄연한 가족인 집은 이제 흔합니다. 오죽하면 반려견이겠습니까? 반면 할아버지, 할머니에게는 가족 대우를 해주지 않는 집이 너무도 많습니다. 함께 살지 않으니 낯선 사람이고, 가끔 오셔도 준비된 자리가 없으니 불편한 사람일 뿐이지요. 핵가족 속에서 할아버지, 할머니는 너무도 외롭습니다.

어쩌면 그 외로움은 삶이 그들에게 던지는 화두가 아닐까요? 평생 가족 울타리에서 살아서 아이들을 빼고는 자기 인생을 이야기할 수 없는 어르신들이, 나이 들어 강아지보다 못한 정서적 대우를 받으며 느낄 박탈감을 이해할 수 있습니다. 그러나 어쩌겠습니까? 사랑이나 감정은 강요할 수 없는데. 사랑한 만큼 사랑을 기대하는 일, 그것은 사랑을 강요하고 통제하려는 것이지 사랑이 아닙니다. 그럴 때 찾아오는 것은 고립이고 고통입니다.

차라리 사람들이 강아지를 왜 좋아하는지 관찰해보십시오. 강아지는 거들먹거리지 않고 꾸미지도 않고 있는 그대로 자신을 드러냅니다. 강아지는 기대하지 않고, 통제하려 하지 않고, 변화시키려 하지 않고, 있는 그대로 그 사람을 받아들입니다.

사랑이 사랑으로 돌아오지 않을 때 화를 내면서 왜 내가 기대한 정답에 부응하지 않느냐고 폭발하면 누가 좋아하겠습니까. 정답이라 생각한 그것이 당신의 발목을 잡는 선입견이고 편견일 가능성이 높은데.

차라리 침묵하며 암탉이 알을 품듯 상황을 품어보십시오. 왜 '나'는 강아지보다 못한 가족인지. 그러면 외로움 속에서 새로운 답안을 만날 수 있을지 모릅니다. 릴케가 말했습니다. 생에서 우리가 답을 찾을 수 없는 건 지금 '나'의 삶이 답을 용납하지 않기 때문이라고. 암탉이 알을 품듯 물음을 품고 있으면 물음이 스스로 답을 줄 것입니다.

결혼한 자식을 잘 아는 이웃 정도로 여기기, 그 대신 감정을 주고받을 수 있는 친구 만들기, 베란다에 예쁜 화단 하나 만들기, 배우고 싶었던 것 배우기, 자식을 위해 돈을 쓰지 말고 나를 위해, 친구를 위해 지갑을 열기 등등.

노을이 거기 있는 동안만 기쁘게 바라보십시오. 해가 지면 해를 떠나보내야 달과 별이 보입니다.

아름다운 사람, 달라이 라마를 만나고 나니

다람살라에서 달라이 라마를 친견했습니다. 어찌 그리 아름다운 사람이 있을까요. 심장이 그를 알아보고 팔딱팔딱 뜁니다. 내가 말했습니다.

"제 심장이 존자님을 알아보고 콩닥콩닥 뛰네요."

달라이 라마가 나를 응시하더니 미소를 지으며, 그건 네가 달라이 라마라는 이름에 취했기 때문이라고 찌르십니다. 세상 사람들이 당신을 달라이 라마라고 하는데, 당신 자신이 그 이름에 집착하고 있으면 당신을 편하게 생각하는 사람들이 얼마나 불편하겠냐고 천진하게 웃으시는 그를 어찌 좋아하지 않을 수 있겠습니까.

그는 천진불이었습니다. 천진한 미소, 유연한 동작, 시원하고 묵직한 저음. 몸놀림이나 표정이나 말투나 논리가 철든 어른들을 무장해제시키는 아이였습니다.

왕궁 앞마당에서는 학승들이 '딱새'를 합니다. 어둠이 내렸는데도 '딱새'는 그칠 줄을 모릅니다. '딱새'는 스님들이 두 사람씩 짝을 지어서 서로 묻고 대답하는 과정을 말합니다. 티베트 불교는 논박과 논증의 과정이 아주 잘 발달되어 있습니다. 왕궁의 앞마당에서 밤늦게까지 딱새가 용인되는 건 달라이 라마가 그 풍경을 사랑하기 때문이 아니겠습니까. 나는 달라이 라마에게 이렇게 들었습니다.

"거듭거듭 사유하고 분석함으로써 체득하는 과정을 거쳐야 사견에 혹하지 않고 중심을 잡을 수 있습니다."

왜 티베트 불교를 유럽과 미국 사회에서 좋아하는지 알 것 같지요? 토론이 일상화된 서구 문화에 영성을 보탰기 때문입니다. 일반적인 토론은 이기기 위한 것이거나 남을 설득하기 위한 것이지만, '딱새'의 과정은 토론을 통해 자기 편견을 깨고 전도된 사견을 없애기 위한 겁니다. 이기기 위한 토론은 내 것에 대한 집착과 다른 편에 대한 미움으로 갈등을 심화할 뿐입니다. 그것은 〈100분 토론〉, 〈끝장 토론〉에서 우리가 확인하는 것이기도 합니다. 반면 '딱새'의 과정에서는 물음 자체가 길입니다.

천진불인 달라이 라마가 매우 분석적이고 논리적이라는 사실도 신선했습니다. 티베트 불교에서는 환생이 하나의 가설이 아니라 사실로 받아들여지지요? 우리가 환생하는지 어떻게 아느냐는 물음에 달라이 라마는 너의 업장이 두터워 명약관화한 사실도 보지 못하는 거라고 예단하지 않고 이렇게 답하셨습니다. 해탈을 이루는 방법에 거짓이 없다면 해탈을 이룬 사람이 설한 환생도 받아들일 수 있는 것이 아니겠냐고.

달라이 라마에게 들었습니다. 사람들은 곧 죽을 사람 앞에서도 괜찮다고 하는데, 그것은 죽음을 두려워하는 증거라고. 달라이 라마는 죽음을 대면하고 명상해야 한다고 말합니다. 죽을 때 마지막 의식이, 그 사람이 쌓은 업과 함께 다음 생을 결정한다는 것입니다. 그 자연스러운 말투에 나는 그가 환생을 설교하는 사람이 아니라 환생을 본 사람이라고 느꼈습니다.

늘 테러의 목표가 되고 있는 법왕으로서 불안 없이, 분노 없이 어찌 저리 안정감이 있을까요? 십자가에 못 박음으로 예수를 승복시킬 수 없었듯, 갈기갈기 찢음으로 오시리스를 죽일 수 없었듯, 중국은 티베트를 짓밟음으로써 티베트의 정신을 승복시킬 수 없을 것 같습니다. 오히려 고통을 겪으며 예수가, 오시리스가 부활했듯 달라이 라마를 통해 티베트의 지혜는 인도의 오지에서 세계를 향해 번져갑니다.

손해와
이익을 제대로
계산하는 법

　동일한 세상에 살고 있는 듯해도 우리는 저마다 다른 세상에 살고 있습니다. 동일한 전쟁터에서도 영웅의 전쟁이 있고, 졸장부의 전쟁이 있습니다. 이긴다고 다 같은 승리가 아니고, 진다고 해서 다 같은 패배가 아닙니다. 늑대의 몰락과 백호의 몰락은 여운이 다릅니다.

　감성과 직관의 천재 이현세가 공들여 그린 《삼국지》를 봤습니다. 오래 전 고우영의 《삼국지》가 조조에게 공을 들였다면 이현세는 공명과 유비의 관계에 공을 들였네요. 매력적인 순정파 마초 까치의 아버지답게 조자룡과 관우에게 공을 들이리라 예상했는데, 무심한 세월이 까치의 열정도 정화했나 봅니다.

그러고 보니 그의 《삼국지》에선 리더십의 양태가 분명히 보입니다. 피에 굶주린 늑대의 리더십이 있고, 짱이 되고자 하는 천재 영웅의 리더십이 있고, 군자의 리더십이 있습니다.

늑대 같은 여포나 동탁은 제 욕심뿐입니다. 욕심이 앞을 가려 사람을 이용하려 할 뿐 사람을 대접할 줄 모릅니다. 이현세의 표현이 재미있네요.

"이유는 사악하고, 동탁은 포악하다. 여포는 무지막지하다. 셋은 궁합이 딱이다."

이런 사람들이 힘을 가진 세상엔 어리석은 사람들만 이리 떼처럼 모여듭니다.

반면 배포 있고, 머리 좋고, 안목 있는 영웅 조조는 늘 외롭습니다. 영웅을 대접할 줄 아는 조조인데도 그 주변엔 왜 영웅이 없을까요?

바로 의심이 많기 때문입니다. 조조는 속지 않으려고 좋은 머리를 굴려 피라미들을 걸러내는 데는 성공합니다. 그러나 생각해 보십시오. 천지를 삼켰다가도 토해낼 뜻이 있는 영웅들이 신의를 평가하는 게 일상이 된 의심 많은 이의 울타리에서 어떻게 날개를 펼까요. 신의는 일방적이지 않은데! 성에 차지 않는 조조가 늘 두통에 시달리는 것은 너무나 당연합니다.

관우와 장비, 조자룡과 공명 같은 영웅들이 하나같이 그 인연을 소중히 여기는 유비의 리더십은 사람을 있는 그대로 수용하는 것이겠습니다. 유비는 믿을 줄 알고 맡길 줄 압니다. 신의를 지키느라 자주 손해를 보지만 지나 놓고 보면 사람이 남습니다. 설핏 어리석어 보이는 유비의 지혜는 아마도 시간이 날 때마다 짚신을 삼는 그 비생산성에서 온 것은 아닐까요? 어지러운 때일수록 마음을 단순하게 가다듬는 자기만의 방법이 있어야 하니까요.

주눅 든 호랑이는 이리보다 못한 법입니다. 하늘같은 아비 밑에서 졸장부가 된 유선이, 공명이 던지는 눈물의 출사표를 어찌 이해하겠습니까. 내 자식의 앞날이 밝아 보이지 않으면, 원래 천하는 만백성의 것이니, 공명 스스로 촉의 주인이 되라는 유비의 유언이 있었음에도, 죽을 때까지 유선을 지키는 공명의 신의는 유비와 닮았습니다. 마음으로 세상을 공유한 자들은 죽음으로도 갈라놓을 수 없는 겁니다.

상처가 훈장이 된 영웅들의 이야기를 따라가다 보면 패배해 본 적이 없는 영웅이 없고 승전의 기쁨을 오래 누린 영웅도 없네요. "큰 기쁨은 있어도 긴 기쁨은 없다"는 살로메의 말이 실감납니다.

영웅들은 모두 죽었습니다. 조조와 유비와 손권의 싸움이 꿈이었다는 듯 패권은 엉뚱하게도 사마 씨에게로 넘어갑니다. 그래도 소인배가 아닌 영웅과 함께하고 싶은 것은 꿈같은 인생이어도 아름다운 꿈을 꾸고 싶기 때문입니다.

리더라면
반드시
읽어야 할 책

개혁 군주 정조를 만나 승승장구하던 정약용은 정조의 죽음과 함께 나락으로 떨어집니다. 유배에 유배를 거듭해서 그가 또 다른 삶을 시작한 곳이 바로 강진이지요. 지금에야 강진이 산 좋고 물 좋고 경치 좋은 관광지지만, 산 좋지 않고 물좋지 않은 곳이 없었던 200년 전 그곳은 굳이 찾아갈 일이 없는 오지였겠습니다.

그런데 강진이 없었다면 우리가 기억하는 정약용이 있었을까요? 강진은 그저 좌절의 땅이 아니라 부활의 땅이었습니다. 거기서 그는 자신을 닦고 일신우일신한 것 같습니다.《목민심서》에는 이렇게 되어 있습니다.

"먼 변방에서 귀양살이 한 18년 동안에 오경과 사서를 반복해서 연구하여 수기의 학을 익혔으나, 생각해보니 수기의 학은 학문의 절반에 불과하다."

수기의 학이 학문의 절반이라면 나머지는 뭐지요? 바로 백성을 돌보는 목민입니다. "오늘날 백성을 다스리는 자들은 오직 거둬들이는 데만 급급하고 백성을 기를 줄을 모른다. 이 때문에 백성들은 여위고 시달리고 시들고 병들어 쓰러져 진구렁을 메우는데, 그들을 기른다는 자들은 화려한 옷과 맛있는 음식으로 자기만을 살찌우고 있다. 어찌 슬프지 아니한가?"

아직 국민 주권이라는 개념은 나오지 않았으나 수령의 존재 이유가 바로 백성에 있고 백성을 돌보는 데 있다는 점을 강조하고 또 강조한다는 점에서《목민심서》는 민주주의로 가는 길목에 어울리는 혁명적인 책이라 할 수도 있겠습니다.

다산은 1818년 여름에 귀양살이에서 풀려나는데,《목민심서》는 귀양살이 끝나던 그해 봄에 완성한 것입니다. 아무래도 지금까지 의미 있게 읽히는 그 책의 완성이 희소식을 부르는 까치의 노랫소리가 아니었나 싶습니다.

오랫동안 벼슬을 떠나 백성들 속에서 백성으로 지내면서 다산은 어떻게 백성을 대우해야 하는지를 분명히 본 것 같습니다. 그는 좋은 목민관으로 장련현(長連縣)을 맡았던 교리(校

理) 김희채(金熙采) 이야기를 하고 있습니다. 홍수가 나서 구월산이 무너졌습니다. 집집마다 농사를 망치고 집집마다 사람들이 죽어갔습니다.

"그가 나가 시찰하매 백성들이 맞이하여 통곡하거늘, 그는 말에서 내려 백성들의 손을 잡고 함께 통곡하니 백성들이 감동하여 죽어도 여한이 없다고 하였다. 울음이 멎자 백성들이 원하는 바를 묻고…."

김희채는 백성들에게 무엇이 필요한지를 중앙에 보고하려 했으나 중간에서 감사가 장계를 올려 그를 교체하게 했다고 합니다. 장계의 내용은 이러했다네요. "그는 인자하나 일에 어둡다."

그가 교체되어 돌아갈 때 이를 안타까워한 백성들이 모두 나와 길을 막고 그가 탄 말굴레를 잡은 채 열 겹이나 둘러쌓았다고 합니다.

백성이 하늘입니다. 그 백성들이 원하는 것은 영혼 없이 잘 먹고 잘사는 게 아닐 겁니다. 그들이 원하는 것은 소통이지요? 소통을 통해 내 형편을 알리고 나를 알리고 그를 아는 것입니다. 어찌 보면 《목민심서》는 소통하는 리더십의 교과서입니다. 다산은 목민관의 자격에 대해 이렇게 쓰고 있습니다.

"수령 노릇을 잘하려는 자는 반드시 자애로워야 하고, 자애로워지려는 자는 반드시 청렴해야 하며, 청렴하려는 자는 검약해야 한다."

자애롭지 않으면 굶주리고 유랑하는 백성들의 실상을 보지 못합니다. 그저 유랑걸식하는 사람들은 게을러 그렇다고 치부해버리지요. 또한 청렴하지 않으면 아전의 농간에 놀아나기 쉽습니다. 사또, 이렇게 하시지요, 하면서 수령에게 술상을 안기고 기생을 안기고 세금 도덕질이나 시키는 아전은 더 큰 도둑놈일 테니까요. 그는 현실적으로 백성들에게 세금을 거둬들이는 아전을 단속하지 않고는 백성을 편하게 해줄 수 없다는 것을 알고 "아전을 단속하지 않고서 백성을 다스릴 수 있는 자는 없다"고 쓰고 있습니다. 확실히 실학파지요?

떠날 자리를 아는 자의 뒷모습이 아름답다면서요. 그는 현명한 목민관은 언제든 떠날 수 있도록 늘 문서와 장부를 깨끗이 해두고 항상 행장을 꾸려놓아야 한다고 하고 있습니다.

거기서 그가 맺은 인연을 봐도 어쩐지 강진은 유배지가 아니라 축복의 땅 같습니다. 초의선사와 추사 선생의 우정은 유명하지요. 제주도로 유배된 추사를 만나기 위해, 단지 그 이유 때문에 초의는 배를 여러 번 탔다고 하니까요. 그때 벗이 있어 먼 곳으로부터 찾아오면 또한 즐겁지 아니한가, 하는 공자님 말씀을 내 마음처럼 고백하게 되는 게 아니겠습니까?

그 초의선사의 스승이 바로 혜장선사입니다. 아십니까? 혜장이 누군지. 혜장은 바로 다산의 친구였습니다. 다산이 강진에서 만난, 평생의 스승이자 제자였던 거지요. 그런 친구 하나 있다면 유배지는 삶의 놀이터, 선선 놀음 아니겠습니까.

초의선사는 그 스승과의 인연 때문에 다산에게서 차를 배우고 시를 배웠다고 하니 인연은 그렇게 흐르는가 봅니다.

3장

희망해도 되는가

평생
누리는 기쁨은
없다

조선에 아홉 번이나 과거를 봐 아홉 번 다 장원급제를 했던 이가 있습니다. 바로 율곡 이이 선생입니다. 그 율곡 선생이 문장에 감탄한 이가 조선의 천재 기인 김시습입니다. 율곡은 김시습을 가리켜 "나면서부터 문장을 터득한, 백세(百世)의 스승"이라고 평가합니다. 그럼에도 불구하고 그는 김시습을 이렇게 비판하고 있습니다. 그렇다고 굳이 윤리의 유교를 포기할 것까지 있었겠느냐고. 무슨 말이지요?

그것은 파란만장한 시대를, 삶을 삼키며 살다 간 김시습에 대한 비판이라기보다 율곡 자신에 대한 변호겠습니다. 어머니 신사임당을 여의고 율곡은 불가에 귀의한 적이 있었습니다. 세상에서 제일 좋아했던 자애로운 어머니를 여의었으니 그 슬픔과 허무를 어찌 짐작이나 할 수 있겠습니까. 그는 잠시 불가에 들어 위로를 얻었습니다. 그 시간은 길지 않았으나 성리학을 신봉하는 조선의 유학자 사회에서 그것이야말로 평생 따라다니는 공격의 빌미가 됐습니다. 더구나 그는 적이 있는, 기호학파 수장이었으니까요.

선조 때의 율곡 선생이 세조 때 김시습에 기대어 자기 이야기를 할 정도로 김시습은 조선 사회의 전설이었습니다. 다섯 살 때 이미 《중용》과 《대학》을 읽었다고 하니까요. 어려서부터 신동이라는 소문이 자자했습니다.

하루는 정승 허조가 찾아와 어린 시습에게 시험하여 물었습니다. 나는 이미 늙었으니 네가 늙을 로(老)자를 넣어 시를 지어보라고. 그러자 시습이 바로 이렇게 시를 지어 읊었다지요?

"늙은 나무에도 꽃이 피니 마음은 아직 늙지 않은 것이라네."

정승 허조가 무릎을 쳤답니다. 어디 허조뿐이었겠습니까. 세종도 그 재능을 아껴 어린 김시습에게 비단 30필을 하사했습니다.

그러나 천재 어린이가 행복했던 시기는 길지 않았습니다. 청소년 시절 어머니가 돌아가신 겁니다. 어머니를 묻고 3년

시묘가 끝나자 아버지가 바로 재혼을 했습니다. 아버지의 재혼으로 외가에 맡겨졌으나 이번에는 그를 아껴준 외숙모마저 세상을 떠났습니다. 이제 그에게 무상(無常)과 슬픔은 너무나도 가까운 친구가 되었습니다.

그 아픈 친구를 잠시 멀리하고 삼각산 중흥사에 들어 공부하고 있었습니다. 그런데 공부하던 중 수양대군이 조카 단종을 내몰고 왕이 되었다는 소식을 들은 겁니다. 그는 아파서, 너무 아파서 보던 책을 모두 불태우고 마침내 스님이 되었습니다.

생육신 중 한 사람인 김시습이 누구보다도 매력적인 이유는 그가 바로 사육신의 시신을 수습하여 지금의 노량진에 매장해준 바로 그 사람이라는 점입니다. 세조와 한명회가 일으키는 피바람이 무서워 누구도 감히 건드리지도 못했던 시신들이었습니다. 목숨을 내놓고 사육신들의 시신 한 구 한 구를 바랑에 담아 한강을 건너며 젊은 김시습은 무슨 생각을 했을까요. 그가 지었다는 최초의 한문 소설집 《금오신화》가 왜 그렇게 환상적인지 이해가 됩니다.

김시습의 호는 매월당(梅月堂)입니다. 월(月)이라는 것이 마음의 은유니 매월이란 매화의 마음, 매화의 본질이란 뜻이겠습니다. 김시습은 매화의 마음이 노는 집입니다. 매화는 겨울을 견뎌야 합니다. 겨울의 매서운 눈바람을 견딘 매화여야만 제대로 된 꽃향기를 냅니다. 그가 살아온 삶의 향기가 어디서 연유했는지를 알겠습니다. 그야말로 삶의 중심에서 무상(無常)을 보고 느끼고 깨달았을 그의 정신은 그가 지은 시 '잠깐 개었다 비 내리고(乍晴乍雨)'에 고스란히 담겨 있습니다.

잠깐 개었다 비 내리고 비 내렸다가 도로 개이니
하늘의 이치도 이러한데 하물며 세상 인정이야
나를 칭찬하다 곧 도리어 나를 헐뜯고
명예를 피하더니 도리어 명예를 구함이라
꽃이 피고 꽃이 지는 것을 봄이 어찌하리오
구름이 오고 구름이 가는 것을 산은 다투지 않네
세상 사람에게 말하노니 반드시 알아주오
기쁨에 취하되 평생 누릴 곳은 없다는 것을

乍晴還雨雨還晴
天道猶然況世情
譽我便是還毀我
逃名却自爲求名
花門花謝春何管
雲去雲來山不爭
寄語世人須記認
取歡無處得平生

꿈은
인생을 잡아먹고
꽃핀다

꿈은 어디에서 생길까요? 어떤 꿈은 결핍에서 생기고, 어떤 꿈은 익숙한 환경이 만들고, 어떤 꿈은 억압에서 힘을 얻습니다. 그런가 하면 엄마 뱃속부터 이미 알고 있었다고 말하게 되는 꿈도 있습니다. 전생에서부터 익혀온 것이라 말할 수밖에 없는!

이화중선이라는 여인이 있었습니다. 그녀가 심청가를 부르면 조선의 백성들이 모두 귀를 기울였고, 그중에서도 가을 달빛이 뜰에 가득한 날, 심청이 아버지를 그리워하는 대목인 '추월만정(秋月滿庭)'을 부르면 조선의 여인들은 따라 울었답니다. 일제 치하 조선의 백성들에게 '소리 보살'로 통한 그녀를 서정주 시인은 하늘 아래서 제일 서러운 소리를 하다 간 사람이라 했습니다. 그녀의 삶을 들여다보면 어떤 꿈은 스스로 발현하기 위해 꿈을 품은 자를 잡아먹는다는 생각이 듭니다.

이화중선의 소리를 들은 것은 우연이었습니다. 그런데 단박에 어, 저 여인은 누구지, 하는 관심이 생겼습니다. 1930년대 녹음 음반이라고 하는데도 그녀를 느끼기에 충분했습니다. 이화중선의 소리는 그만큼 독보적입니다. 맑고도 청아한데 힘까지 있으니. 그래서 그녀의 인생에 관심이 생겼는데, 세상에, 뭐 그런 인생이 있었을까요.

첩의 딸로 태어나 열다섯 살 때쯤 아이 셋 딸린 바보남자에게 팔려가듯 시집이라는 것을 간 모양입니다. 그 사실만으로도 그녀 인생이 얼마나 각박하게 시작됐는지 짐작이 되지요? 아파도 아프다 하지 못하고 무서워도 무섭다 하지 못하는, 존재감 없는 인생이었겠습니다. 더구나 그녀는 갈비뼈가 하나 없는 조그마한 소녀였습니다.

그런 여염집 여인이 어느 날 소리를 만나게 됩니다. 그 당시 협률사 공연이 동네를 찾아온 겁니다. 아무것도 가진 게 없었던 아줌마 소녀는 단박에 그 소리에 반했습니다. 자기 속에 있는 줄도 몰랐던 꿈이 꿈틀, 반응한 겁니다. 소리가 하고 싶어서, 소리를 배우고자 봇짐을 쌉니다. 설날, 국악방송에서 내가 좋아하는 이화중선 얘기를 해서 귀가 솔깃했습니다.

"1898년에 태어났습니다. 열다섯 살쯤 아이가 셋 딸린 바보남자와 결혼했습니다. 그리고 스무 살 때쯤 동네를 찾아온 협률사 공연을 보러 가서 난생 처음으로 판소리와 창극을 접하고는 소리를 배우고 싶어 덮어놓고 야반도주를 했습니다. 남원으로 갔지만 어찌해야 할지 몰라 무턱대고 남원에서 소리로 유명하다는 사람의 동생과 결혼했습니다. 그럼 시숙한테 소리를 배울 수 있을 테니까. 시숙한테 판소리 세 바탕을 배우고 이혼한 후, 돈 많은 남자 첩이 되어 살다 소리를 위해 또 한 번 가정을 버립니다. 무작정 서울로 올라와 자신에게 소리를 처음으로 알게 해준 협률사 창극단으로 들어갑니다. 조선을 뒤흔드는 인기를 누리다 마흔 몇 살 때쯤 일본 사가현 앞바다에서 발견된 명창 이화중선. 이화중선이 남긴 것은 달랑 소리뿐입니다."

목숨 부지하는 일이 힘들어 늘 허기지고, 늘 쓸쓸했던 이화중선. 그런 여인이 바로 '그것'이라고 할 수 있는 것을 만나 생기가 생기고 표정이 생긴 것은 그래도 익숙한 일입니다. 그런데 바로 '그것'을 하기 위해 미련 없이 여태 살아온 삶을 버리는 것은 어떨까요? 익숙한 모든 것을 버린 위험을 모두 감수하고 더 고단해진 인생을 에너지로 소리를 했으니 소리에 인생사 희로애락이 그대로 담기는 것은 자연스럽습니다.

이화중선을 생각하며 나는 생각합니다. 꿈은 그렇게 그녀 인생을 잡아먹으며 그녀 인생을 세웠구나, 하고. 내 인생을 잡아먹어도 아깝지 않은 그것을 발견하지 못한 자, 새로운 세계를 창조할 수 없는 것이 아닌가, 하는 무서운 생각도 들었습니다.

희망을
가져도
되는가

20대 후반 해마다 1월이 되면 나는 친구들과 함께 토정비결을 보며 놀았습니다. 토정비결, 믿으시나요? 토정비결로 미래를 알 수 있다고 믿은 것도 아니고, 미래가 점쳐질 수 있다고 믿은 것도 아니었습니다. 그것은 불안했던 시절, 불안을 달래는 재밌는 놀이였습니다.

설날을 전후로 해서 몇 년 동안이나 그 놀이를 계속했지요. 그 이유는 무엇보다 문장에 은유가 많아 다양한 방식으로 자유롭게 해석할 수 있기 때문이었습니다. 레고로 다양한 형상을 만들며 시간 가는 줄 모르고 노는 아이들처럼 우리는 토정비결이 보여주는 언어의 레고 속에서 다양한 언어의 집을 지으며 놀았습니다.

"봄날 꽃이 피면 동쪽에서 목성의 기운을 가진 귀인이 와서 도와주리라."

누구의 점에 그렇게 나오면 이 씨, 박 씨인 친구들이 서로 자기가 동쪽에 사는 귀인이라고 스스로를 높이며 깔깔깔, 웃었습니다.

"가을날 곳간에 재물이 가득하니 근심도 가득하리라."는 점괘가 나오면 재물을 덜어야 하는 거라고, 올 한 해는 밥을 많이 사야 하는 거라고 해석하며 웃음꽃을 피웠지요.

한때 그렇게 놀던 시절이 있어선지 어디선가 이지함에 대한 책이나 다큐가 나오면 읽게 되고 보게 됩니다. 이지함 선생은 대단한 학식에 엄청난 집안의 자손이었다고 합니다. 그런데 장인이 역모에 연루되는 바람에 연좌제에 걸려 벼슬길이 막혔습니다. 처가에 닥칠 불길한 기운을 예감하고 미리 가족들을 피신시킨 일이나 임진왜란이 일어날 것을 예언한 것은 유명합니다. 물론 그것이 점술에 의한 것이었는지, 통찰력에 의한 것이었는지는 알 길이 없습니다. 그렇지만 그가 일반 서민들에게 봐주었다는 신수는 단지 점술이 아니었던 것은 분명해 보입니다.

무엇보다도 사람들이 그를 좋아했습니다. 환갑이 되도록 벼슬을 한 적이 없는 그가 그리 유명세를 탄 것은 가난했어도 사람으로서 산다는 것이 무엇인가, 하는 문제를 품고 사는 자유인이었기 때문이었습니다. 나막신을 신고 솥을 쓰고 일부러 관인들의 앞길을 가로막고 누워 맞기를 자청했던 일도 있었다고 합니다. 그것은 당시 관리의 횡포에 괴로워하는 백성들의 고통을 몸소 체험하기 위함이기도 했습니다. 그런 사람이고 보니 그의 집에는 늘 삶이 고단하고 괴로운 사람들이 넘쳐났습니다.

그 사람들의 인생 이야기를 들으며 보리 같은 인생이니 겨울날을 견디면 꼭 수확할 날이 오겠다거나, 기다리면 귀인이 오겠다거나, 곳간이 차면 비우라거나, 자식을 성인처럼 모시면 큰 인물이 되겠다거나 하는 등의 점을 쳐주었던 겁니다. 그것은 점이라기보다는 우리 속의 희망의 불씨를 살려주는 자유인의 자비심 같은 거, 아니었을까요?

그가 한 벼슬이 있습니다. 바로 아산현감입니다. 환갑이 넘어 겨우 아산현감이 된 그가 제일 먼저 한 일은 걸인청을 신설하는 것이었습니다. 그가 신설한 걸인청은 단순히 걸인들을 보호하는 시설이 아니었습니다. 그곳에서 걸인들이 스스로 생계를 꾸려나갈 수 있도록 생업 기술을 가르쳤습니다. 세상에 천한 일이 없다고 믿었던 그는 걸인들을 직접 장터로 데리고 나가 장사를 가르치기도 했습니다.

마포에 가면 토정로가 있습니다. 토정 이지함이 흙집을 짓고 살던 곳입니다. 지금이야 금싸라기 땅이지만 그때만 해도 지대가 낮아 물이 자주 차는 못 쓰는 땅이었다고 합니다. 일부러 그런 땅에 집을 지어 고난을 선택한 겁니다. 낮은 곳으로 흐르고자 했던 자유인의 의지가 엿보이지 않나요?

내 집에서
소외된
아버지들에게

우리 아버지는 강원도 원주 치악산 밑에서 어린 시절을 보냈습니다. 살아 계셨을 때 아버지는 늘 산 밑에서의 삶을 동경했습니다. 그때는 몰랐습니다. 왜 아버지가 그렇게 산을 좋아하시는지. 이상하지요? 나이가 들고 나니 내게도 산촌의 유전자가 꿈틀거립니다. 산에 기대 사는 꿈! 아무리 '악(岳)' 자가 들어가도 내게 산은 늘 어머니 같은 존재입니다. 그래서인지 내게는 '험한 산길'이라는 말의 의미가 다가오지 않습니다. 우리나라 산만 다녀본 내게 산길은 늘 어머니의 집처럼 안전이 보장된 오솔길이기 때문입니다.

그런데 중국 하북과 산동을 가로지르는 태행산은 진짜로 높고도 험해서 옛날엔 특히 넘어가기 힘들었나 봅니다. 당나라의 시성 백거이는 인생길을 그 태행산 길에 비유했습니다. 그 산길이 사람 마음보다는 평탄하다는 겁니다.

험한 태행산길에 수레바퀴가 꺾어져도
그 길, 사람 마음보다는 평탄하다네.
거센 무협 물결이 배를 뒤집어도
사람 마음보다는 잔잔하다네.
우리 인생길 험난한 것은
물길에 있지 않고
산길에 있지 않고
오로지 사람 마음 안에 있네.

사람 때문에 피눈물을 흘려보지 않았다면 저런 시가 나올 리 없지요. 또 역으로 마음을 다스린다면 험난한 인생길이 인생을 정화하는 정화수 역할을 할 수 있다는 뜻이겠습니다.

백거이는 마흔두 살에 어린 딸을 잃고, 마흔네 살에 좌찬선 태부라는 벼슬을 했으나 복잡한 권력의 희생양이 되어 좌천되고는 다시는 벼슬길에 눈을 돌리지 않았답니다. 그러고는 죽을 때까지 시와 술과 거문고를 벗 삼아 살았다고 합니다.

나는 묻습니다. 만일 백거이가 죽을 때까지 고위관료로 잘

살았다면, 지금까지 기억되는 매력을 가질 수 있었을까, 하고 말입니다. 오히려 좌천이 시와 술과 거문고를 친구로 만들어 준 것이 아니었을까요.

죽을 때까지 일하고 싶어 하는 사람들이 많습니다. 4,50대에 일터에서 밀려나는 사람의 불안은 엄청납니다. 일터에서 밀려나는 것을 세상에서 쫓겨나는 것처럼 느끼는 사람들이 많습니다.

먹고사는 일에 발목이 잡혀서, 아니면 돈이 보이고 권력이 보여서 일만 하는 사람들에게는 밤낮이 따로 없습니다. 우리 아버지들 대부분은, 이제는 어머니들까지 녹초가 될 때까지 일을 하면서 처자식을 위한 거였다고 스스로에게 명분을 만듭니다.

그런데 집에 있을 때조차 일 생각에 골똘한 남편과 아버지를, 아내와 어머니를 아이들은 어떻게 느낄까요?

일이 삶의 전부인 남편에 대해, 아내에 대해, 아버지에 대해, 어머니에 대해 불만이 많습니다. 틱낫한 스님은 일에만 마음을 빼앗긴 남자는 바람난 남편과 같다고 했습니다. 항상 애인만 생각하면서 아내와 아이들을 무시하는 남자와 다를 바 없다는 겁니다. 요즈음 아내에 대해 이렇게 느끼는 남자도 늘고 있습니다.

생일날에도 돈만 챙겨주고 자기 역할을 다했다고 믿는 부모는 훌륭한 부모가 아니라 불쌍한 부모입니다. 그는 자기 인생에서 가장 중요하다고 믿는 가족들에게 스스로 돈 버는 기계일 뿐임을 선언하고 있는 것이니까요. 그런 사람에게 가정에서 정서적 자리, 문화적 자리가 없는 것은 자업자득일지도 모르겠습니다. 가족과 함께 요리를 하고 아이들과 함께 운동을 하고, 도란도란 이야기 나누는 시간을 자주 가져야 합니다. 특히 아버지가 문제입니다.

기타를 치든, 커피를 볶든, 자전거를 타든 취미 생활이 있는 아버지가 소외되지 않습니다. 아이들의 얘기를 듣고 지적질 해주려 하는 아버지가 아니라 아이들에게 친구처럼 자신의 고민을 이야기하는 아버지가 가족과 정서를 교류하는 아버지입니다. 우리는 일 이외에는 아무것도 할 줄 모르는 머슴 인간을 원하지 않습니다.

**배신에
대처하는
자세**

　어디서나 최고의 권력은 고독합니다. 주위에 사람이 없어
서가 아니라 권력을 구걸하는 사람들만 바글거리기 때문입니
다. 그런 그에게 믿을 수 있는 친구가 있다면 그 친구는 그야
말로 보옥입니다.

　《명상록》의 아우렐리우스, 아시지요. 대로마 제국의 황제
이면서, 동시에 스토아 학파의 대표적 철학자인 그 남자! 지
중해가 로마의 호수였을 때 로마의 황제였으니 아침부터 밤
까지 얼마나 많은 혀에 치이고, 얼마나 많은 사건들에 치였겠
습니까.

　그가 믿었던 친구 중에 장군 카시우스가 있었습니다. 그
는 친구 카시우스를 형제라 믿고 이집트 근방의 국경을 맡겼

습니다. 그런데 국경을 지키는 줄 알았던 카시우스가 거기서 '황제'임을 선언하고 반란을 일으켰습니다. 가까운 친구가, 믿음을 줬던 친구가 배신을 한 거지요.

무엇보다도 모욕감이 컸을 것입니다. 주변에서도 난리였습니다. 은혜를 원수로 갚는 작태에 대해서는 분명히 응징해야 한다고.

당신이라면 어찌할까요? 그날 아우렐리우스는 《명상록》에 이렇게 썼습니다.

"절대로 감정에 휩쓸리지 말고 망동을 삼가라. … 남이 나를 모욕하더라도 내가 거기에 의미를 두지 않으면 그만이다."

말이 쉽지 의혹이 누룩처럼 부풀고, 배신의 칼을 맞아 쓰라림 속에서 분노가 솟구칠 때 차분해질 수 있다는 건 굉장한 내공입니다. 실망으로 분노가 솟구치는 상황에서 분노를 성찰의 에너지로 바꿔 쓰는 그 지혜를 배우고 싶지 않습니까?

차분하게 가라앉힌 후에 그는 친구를 만나러 먼 길을 떠납니다. 왜 그랬느냐고 묻기 위하여. 친구의 이야기를 들어본 후에, 친구의 얘기가 옳다면 권력을 양도하겠다는 것이었습니다. 어쩌면 당하는 쪽에서는 배신이지만, 하는 쪽에서는 홀로 자기 길을 가는 건지도 모르니까요.

친구를 만나러 가는 길 위에서 친구가 누군가의 칼에 맞아 죽었다는 소식을 듣습니다. 아우렐리우스는 통곡합니다. 분수도 모르고 반역의 칼을 휘두른 친구의 배신이 아파서가 아니라 상처 난 우정을 화해하지 못하고 떠난 친구에 대한 안타까움 때문이었습니다. 현제(賢帝)라는 말이 그냥 생긴 게 아니겠지요.

배신을 당했을 때, 당신은 어떻게 대처하는 타입입니까? 어쩌면 그럴 수 있냐고 화를 내고 응징하는 타입입니까, 아니면 왜 그랬냐고 묻는 타입입니까? 신뢰하는 자만이, 진정으로 신뢰하는 자만이 물을 수 있습니다. 왜 그랬냐고.

속지 않기 위해 그 누구도 믿지 않을 수 있습니다. 그러나 믿지 않는 사람에게는 그 누구도 믿음을 주며 일하지 않습니다. 아무도 믿지 못하는 사람은 실은 자신을 믿지 못하는 것입니다. 자신을 믿지 못하는 자는 자꾸 권력 뒤에, 재물 뒤에 숨어 박약한 자존감을 감추려 합니다. 그럴수록 믿을 수 있는 사람은 더 없고, 그럴수록 재물과 권력에 집착하면서 난폭해집니다. 악순환이지요.

아우렐리우스를 스토아 철학자라고 하는 이유를 아시겠습니까? 스토아 학파는 우리 안에 신적인 불꽃이 있다고 믿었습니다. 그런데 신적인 불꽃을 발견해야 하는 곳은 경건한 성전도 아니고, 한가한 강의실도 아닙니다. 거기는 삶과 죽음이 교차하고, 배신과 음모가 춤을 추며, 간교한 혀와 무모한 용기가 판단을 흐리게 하는 중생의 땅이고, 무엇보다도 그 속에서 길을 찾고자 했던 깨어 있는 마음에서입니다.

2000년을 내려오는 《명상록》은 언제 죽음의 그림자가 덮쳐올지 모르는 전쟁터에서 쓰였습니다. 인간의 불행은 타인의 마음을 꿰뚫어 보지 못해서가 아니라 자기 마음을 주시하지 않기 때문이라고 믿은 아우렐리우스의 명상록은 자기가 자신에게 쓴 영혼의 일기입니다.

천 개의
바람이 되어

8월, 능소화 뚝뚝 떨어지던 날, 김대중 전 대통령의 서거 소식을 들었습니다. 김수환 추기경이, 노무현 전 대통령이, 그리고 김 전 대통령이 연이어 세상과 작별한 그해에 나는 한 시대가 가고 있다고 느꼈습니다. 죽음이란 무엇일까요? 살아 보면 산 게 없는 세상, 죽어 보면 죽은 것도 없는 게 아닐까요?

그런데도 나는 사복의 어머니 장례식에서 원효 스님이 했다는 법문을 명문으로 느낍니다.

"태어나지 마라, 죽는 게 괴롭다. 죽지 마라, 태어나는 게 괴롭다."

삶이 없으면 죽음도 없으니 삶과 죽음은 붙어 있는 거지요?《파이돈》에서 소크라테스는 이 문제를 조심스럽게 다루고 있습니다.

《파이돈》은 소크라테스가 독배를 마시던 날의 대화록입니다. 독배를 마셔야 했던 그날 아침, 옥리가 들어와 소크라테스 발목을 옥죄던 사슬을 풀어 줍니다. 사슬이 풀리는 날이라는 건 죽음의 날이라는 의미지요. 그 사실을 모를 리 없을 텐데도 소크라테스는 아무 일 없다는 듯 스승의 마지막을 배웅하기 위해 모인 제자들 앞에서 사슬이 풀려 시원해진 발목을 응시하며 말을 꺼냅니다.

"쾌락이란 이상한 거야. 고통과 대립하는 것일 텐데, 고통이 지나간 자리에서 쾌감이 생기는구먼."

선과 악, 아름다움과 추함도 모두 동일한 구조를 지녔지요. 꽃이 시들어 추해지는 것은 아름다웠기 때문이고, 옳지 않음으로 질책을 받는 건 옳음의 잣대 때문이 아닙니까? 대화를 통해 제자들은 상반된 모든 것은 모두 그 반대의 것에서 나왔다는 데 동의합니다. 그 기반 위에서 소크라테스가 제자들에게 묻습니다.

"잠자는 것이 깨어 있는 것의 반대인 것처럼 살아 있는 것의 반대는 없을까?"

"죽음입니다."

살았기 때문에 죽는 거지요. 죽음은 삶으로부터 왔습니다. 그렇다면 삶은 죽음으로부터 오는 게 아니겠느냐고 소크라테스가 조심스럽게 되묻는 겁니다.

생과 사는, 천국과 지옥처럼 서로 대립하면서도 동시에 서로에 기대어 있습니다. 어둠을 모르고 빛을 알 수 없고, 지옥을 통과하지 않고 천국에 이르는 길이 없듯 제대로 살기 위해서는 죽음을 배워야 하는 것인지도 모르겠습니다.

그러고 보니 알겠습니다. 죽음을 앞에 두고 소크라테스가 왜 그렇게 평화로웠는지. 그는 죽음을 알았던 것입니다. 《파이돈》은 그날의 소크라테스를 이렇게 증언합니다.

"그는 말씀이나 몸가짐이 행복해 보였습니다. 참으로 두려움이 없고 고귀한 최후였습니다."

독배 앞에서의 고귀한 최후만큼이나 아름다운 최후를 맞은 이가 8월에 태어나 8월에 세상을 뜬 스콧 니어링●입니다. 100세가 되던 1983년 8월, 그는 이제 떠나야 할 때라고 여겨

● 1883~1983년. 미국의 경제학자이자 진정한 자유주의자. 자본주의의 모순을 극복하고자 노력한 개혁가인 동시에 몸소 조화롭고 평화로운 삶을 실천한 행동하는 지식인이었다.

스스로 곡기를 끊었습니다. 그러고는 3주 후 8월 24일, 조용히 숨을 거뒀습니다. 그를 만나 함께 오지에 들어가 평생 자연과 어울리는 삶을 살아온 헬렌 니어링은 "내 남편의 죽음은 자연적이고 유기적인 순환"이었다고 증언했습니다.

자연 속에서 살다 간 그 부부는 또 자연스럽게 믿었습니다. 죽음은 삶의 모험이 끝나는 것이 아니라 다만 육체가 끝나는 것일 뿐이라고. 육체가 끝나면 우리는 또 무엇이 되어 만날까요? '천 개의 바람이 되어'란 시가 찡하게 다가오네요. 그 속에 답이 있는 것 같습니다.

내 묘지 앞에서 울지 마세요, 나는 그곳에 없습니다. 난 잠들어 있지 않습니다. 난 천 개의 바람, 천 개의 숨결로 흩날립니다. 나는 빛이 되고, 비가 되었습니다. 나는 피어나는 꽃 속에 있습니다. 나는 곡식 익어 가는 들판이고, 당신의 하늘을 맴도는 새 …, 내 묘지 앞에서 울지 마세요, 나는 그곳에 없습니다.

지옥에는
천상으로 오르는
문이 숨어 있다

마리아는 행복한 어머니였을까요, 불행한 어머니였을까요? 아들의 죽음을 손 놓고 지켜봐야 했던 암흑의 시기를 거치며 마리아는 서러운 운명을 탓했을까요, 죽음으로도 막을 수 없는 사랑으로 기꺼이 다시 태어났을까요?

미켈란젤로의 조각상 〈피에타〉('자비를 베푸소서'라는 뜻의 이탈리아어)를 보고 있노라면 마리아는 적어도 수긍하지 못하는 운명 앞에서 징징거리며 절규나 하다 만 여인 같지는 않습니다. 마리아는 아름다운 남자 예수의 어머니답게 아름다웠습니다. 아들의 주검을 보듬고 있는 마리아를 보고 있노라면 그녀는 자기 몸을 빌려 태어난 아들과의 인연을 깊이깊이 수긍하고 있는 것 같습니다.

처음 〈피에타〉의 마리아를 보았을 때 나는 청년이 된 아들을 잃은 어머니가 빛나도록 아름답다는 사실에 놀랐습니다. 무정하기도 하고 매정하기도 한 세월까지 그 여인을 비켜간 것은 그 여인에게는 세월까지 매혹시킨 영원의 아름다움이 있었기 때문인가 봅니다.

소중한 아들이 참담하게 죽었습니다. 그 자리에 무슨 열정이 남아 있겠습니까? 아무것도 원하지 않고, 그 누구의 위로도 필요 없이, 절규도 없이, 두려움도 없이 아들을 안고 있는 여인은 차라리 경건합니다. 마리아는 그녀 인생을 찾아온 고통으로 삼매에 든 것 같습니다. 번뇌가 별빛이라 했던 시인의 감성은 그녀에게 진리가 됩니다.

그 여인을 통해 배웁니다. 피에타, 경건한 슬픔이 있다는 것을. 고통 없는 삶이 좋은 게 아니라 고통으로도, 슬픔으로도, 그 무엇이라도 다시 태어날 수 있게 만드는 사랑이 존재의 이유임을.

그 피에타가 김기덕 감독에 의해 다시 태어났습니다. 미켈란젤로의 마리아가 비탄을 삼킨 후 삼매에 든 여인이라면 김기덕의 마리아는 절규하는 여인입니다. 미켈란젤로의 마리아가 비탄으로 세상을 품게 된 성모라면, 김기덕의 마리아는 세상의 한복판에 자기를 던진 어머니입니다. 김기덕의 마리아는 활활 타오르는 지옥의 불길에 스스로를 던져 불길이 되고 있습니다.

그런데 그 불쾌하고 불편한 지옥 풍경을 끝까지 따라가다 보면 묘한 공명을 듣게 되고, 마침내 고백하게 됩니다. 사랑하는 아들을 잃은 어머니의 복수는 복수조차 사랑이라고. 사랑이 만든 지옥이라면 그 지옥에는 천상으로 오르는 문이 숨어 있을 거라고.

앙코르와트에 가보셨나요? 앙코르와트, 그 신성한 4층 탑을 기어오르는데 한 친구가 이런 얘기를 합니다. "4층 천상에 오르기 위해서는 꼭 3층 지옥을 통과해야 하는구나!"

지옥을 모르고 천상에 오를 수 있는 방법은 없습니다. 갈기갈기 찢기고 타고 빼앗기고 고립되는 지옥의 시간 없이는 천상에 오를 수도, 천상을 누릴 수도, 지킬 수도 없는 거지요. 사실 고통을 수긍하는 일은 녹록한 일이 아닙니다. 누구에게나 다치고 붕괴되고 심장처럼 소중한 것을 잃는 지옥의 시간이 있습니다. 그 기나긴 시간의 터널을 통과하며 어느 날 '피에타'라고 고백할 수만 있다면 괜찮지 않겠습니까.

나는 김기덕 감독이 홀연해졌다는 느낌을 받았습니다. 그는 이제 깊고 큰 사랑을 믿나 봅니다. 그럼에도 그 사랑의 메시지가 상투적이지 않고 짠했던 것은 자기의 촉수로만 세상을 느끼고 배워온 자의 묵직함 때문이었습니다. 사랑을 아는 사람만이 속죄할 수 있고, 죽을 수 있습니다. 속죄가 일어나는 그 자리가 세상의 중심, 지성소 아니겠습니까.

진짜 실력이란, 행운도 불운도 소화하는 능력

어린 날 바둑을 가르쳐주시던 아버지가 죽은 집을 살려보려 애쓰는 나를 보고 그랬습니다. "죽은 돌, 자꾸 잡고 있어서는 안 되는 거야. 전체를 망친다."

큰 실패일수록 뒷말이 많은 법이어서 패인을 놓고 아옹다옹 다투다 보면 단순한 불운이 피할 수 없는 지옥열차가 됩니다.

큰 것을 잡은 사람들이 하나같이 하는 얘기가 있습니다. 운이 좋았다는 것! 운까지 실력이라면 실력이 실력만이 아닌 거지요. 그래서 절대반지가 자기 의지를 갖는다고 하는 모양입니다.

진짜 운까지 실력일까요? 당장의 업적이나 성과 면에서는 운이 실력일 것입니다. 그러나 한 개인의 삶의 측면에서 보면 진짜 실력은 불운이든 행운이든 그 운을 소화하는 능력이 아닐까요?

안셀름 그륀 신부가 말했습니다. 성공하고 있는 동안에는 삶이 중단된다고! 그륀 신부 같은 이는 불운 속에서도 삶의 깊이에 이른 사람일 것입니다.

반면에 절대반지에만 집착하는 골룸에겐 행운이 행운이 아니었습니다. 《반지의 제왕》 보셨습니까? 반지를 두고 골룸처럼 망가질 수도 있고, 프로도처럼 성숙할 수도 있습니다.

절대권력인 절대반지에 미쳐버린 골룸은 자신이 망가지는 것도 모르지요. 아무도 믿지 않고, 아무도 옆에 두지 않고 반지에만 빠져 반지만을 즐기다가 스스로 비틀리고 고립되어 흉측해집니다. 참혹해진 골룸의 모습에서 반지를 몰랐던 시절의 그를 기억할 수 있겠습니까? '사물의 근원과 시초에 관심이 많아서 나무와 풀뿌리 밑을 파보기도 하고, 초목이 우거진 둑 아래에 굴을 뚫기도 한' 호기심 왕성한 젊은이를 상상할 수 있겠습니까? 골룸은 절대반지의 행운이 오히려 생의 가장 큰 불운이 되어버린 존재의 자화상입니다.

절대반지가 있는 곳엔 싸움이 있지요. 그 싸움판의 불운 앞에서 안전할 수 있는 자는 반지에 사심이 없는 사람들뿐입니다. 사심이 없어야 싸움에도 격이 있습니다.

기억하시지요. 절대유혹 절대반지를 운반할 수 있는 존재는 욕심이 없는 작은 호빗 족이었다는 것을. 호빗은 단순하고 낙천적인 종족입니다. 웃는 걸 좋아하고, 장난치는 걸 좋아하고, 손님 접대하는 걸 즐기는 작고 온화한 존재입니다. 그 호빗 족도 희생을 치르기 전엔 반지를 운반할 수 없습니다. 아름다운 반지는 그만큼 위험한 것이라고 합니다.

반지를 던질 줄 아는 자만이 반지를 제대로 운반할 수 있습니다. 반지를 던질 줄 아는 이는 프로도처럼 성숙하지만, 반지에 집착하면 골룸처럼 흉측해집니다.

제왕적 권력을 누렸던 이 나라의 전직 대통령이, 고위직 관료가, CEO가 농부가 되고, 사회운동가가 되고, 숲 해설가가 될 수 있는 날을 꿈꿔봅니다.

프랑스
중산층의
조건

요리, 좋아하세요? 잘하는 요리는 뭔가요? 오로지 '나'를 대접하기 위해 요리해본 적이 있나요? 그때 내가 좋아하는 요리는 어떤 건가요? 혹은 맘에 맞는 친구들을 불러 요리 두세 접시를 직접 만들어 놓고 도란도란 이야기하는 걸 즐기시나요? 프랑스 중산층의 조건입니다.

악기, 다룰 줄 아는 것이 있나요? 우울하고 적적할 때 스스로를 위로할 수 있는 악기 하나 배우고 싶지 않으세요? 얼마 전 내 친구는 하모니카를 배우기 시작했습니다. 처음엔 줄곧 〈엄마야, 누나야 강변 살자〉더니 이제는 〈봄 처녀〉에서 〈그집 앞〉까지 제법입니다. 그 친구 말이 하모니카를 배운 것이 인생 중반에 가장 잘한 일이라네요.

그저 보는 것 말고 직접 즐기는 운동이 있나요? 저는 배드민턴 치는 거 좋아합니다. 휴일이 되면 공 하나 들고 운동장에 나가 기분 좋게 놀지요.

아세요? 다룰 수 있는 악기 하나 혹은 운동 하나, 그것도 프랑스 중산층의 조건입니다.

좋아하는 신문은 있나요? 오랫동안 잘 먹고 잘살았으면서, 세금 제대로 내지 않고, 자식들 군대 보내지 않고, 자기 가족만 챙긴 사람이 고위 공직자가 되겠다고 청문회에 나설 때 공분을 느끼나요? 공분을 느끼며 부정에 저항하는 것, 그것은 프랑스뿐 아니라 영국, 미국 중산층의 조건이기도 하답니다.

중산층이 두터워야 건강한 사회라고 하는 건 아무리 강조해도 지나치지 않을 겁니다. 누구나 아는 말이어서 하나마나한 말일 수도 있지요. 요즘 우리 사회에서 중산층이 강조되는 건 중산층이 그만큼 얇아지고 있기 때문이지요. 사회가 위태롭다는 증거입니다.

우리가 생각하는 중산층의 기준은 어떤 건가요. 월급은 500만 원 이상, 자동차는 2000cc 이상, 아파트는 부채 없이 30평 이상, 예금 잔액 1억 원 이상, 해외여행 연 1회 이상. 직장인을 대상으로 설문조사를 할 때 우리가 쓰는 중산층의 기준이라는데, 해당 사항 있으세요? 중산층의 길은 멀기만 하구나 하고 한숨짓다 보면 웃음이 나오지 않나요? 하나의 기준을 나열해 놓은 것 같아서 말입니다. 그러니까 우리에게는 하나의 기준, '돈'밖에 없는 거지요.

중산층이란 것이 사회적 개념인 동시에 경제적 개념이니 돈이 중요한 변수가 되겠습니다. 그러나 돈뿐인 기준은 우리의 정신세계가 얼마나 각박한지를 여과 없이 보여주는 것 같아 민망하기만 합니다. 다른 나라의 기준과 비교해 보면 말입니다.

프랑스 중산층 기준에서 또 눈에 띄는 것은 '남의 아이를 내 아이처럼 꾸짖을 수 있을 것'이란 항목입니다. 특이하지 않나요? 그리고 향수가 있지 않나요? 우리 어렸을 적엔 우리가 잘못하면 동네 어르신들이 마치 우리 집 어른인 양 야단치셨습니다. 그때는 어른들 모두가 교육을 담당하는 좋은 선생님들이셨는데요. 이제는 식당을 휘젓고 다니는 아이가 있어도 직접 야단치지는 않지요. 그 부모와 부딪치기가 싫은 거지요. '내 아이도 아닌데 왜?' 하는 사이에 우리는 아예 아이들을 무서워하게까지 되었습니다. 우리나라 중학생들이 무서워서 북한이 쳐들어오지 못한다는 말이 돌 정도로.

프랑스 중산층 기준의 마지막, 바로 외국어 하나입니다. 취업하기 위해 억지로 배우는 하인의 언어 말고, 다른 나라의 삶과 문화에 관심이 있어서 배우게 되는 외국어 말입니다.

돈이 전부인 세상에서는 누구도 행복하지 못합니다. 더 자유롭고 다양한 사회 분위기가 사람을 행복하게 하지요.

우리만의 중산층 기준을 다시 만들어야 하지 않을까, 생각해봅니다.

낭송에는 치유력이 있다

공부 콤플렉스가 '엄친아'들까지 죽음으로 내몰고 있는 답답한 시절입니다. 우리 공부가 제대로 된 공부가 아니라는 증거이겠습니다. 그런 분위기에서 한 방송국에서 5부작으로 〈공부하는 인간〉까지 만들었습니다. 하긴 유치원에서 대학까지 도토리 키 재기 같은 경쟁을 시키며 평가하는 나라에서 공부가 화제 아닌 적이 있었나요?

그 바람을 타고 누가 제게 묻더군요. 철학적으로 공부를 정의해 보라고. 묻는 사람에게 되물었습니다. 당신에게 공부가 뭐냐고. '공부'라는 말을 쓴다고 해서 다 같은 공부가 아니니 그걸 철학적으로 정리한다는 것이 무슨 의미가 있겠습니까? 공부가 생존인 이도 있고, 신분 상승의 기회인 이도 있고, 지루한 일상인 이도 있을 것입니다. 자기계발의 수단일 수도 있지만, 어렸을 적부터 베다를 암송해야 하는 브라만들에게는 운명일 수도 있겠습니다. 그리고 또 누군가에게는 '나'를 알아가는 통로겠습니다. 당신에게 공부는 무엇입니까?

확실한 건 공부할수록 공부가 재밌지 않고 공부에 흥미를 잃어버리게 만드는 이상한 공부의 나라 대한민국이 이 나라 청소년들에게는 참으로 삭막한 곳이라는 겁니다. 과식이 몸을 해치듯 암기해야 할 정보량만 많은 공부는 정신의 독입니다. 그 5부작도 철저히 경쟁화된 암기식 공부에 대한 문제의식에서, 대화와 토론의 방법으로 공부하는 서구식 공부를 동경하며 시작했을 것입니다.

그런데 토론이 다 토론인가요? 수준이 맞지 않고 지향성이 맞지 않으면 토론은 무조건적인 암기보다도 더 사람을 지치게 합니다.

그리고 또 하나! 암송이 중심이 되는 전통 동양 사회의 공부법에 대한 오해가 있는 것 같네요. 그건 단순한 암기가 아닙니다. 100번 읽고 무조건 외우라고 한다고 해서 그걸 권위적인 암기식 교육이라고 보는 건 자라 보고 놀란 가슴 솥뚜껑 보고 놀라는 겁니다.

몇 년 전 해인사 승가대학에서 스님들에게 서양 철학을 가르친 적이 있습니다. 가르치면서 배운다는 것이 이런 거구나, 싶었습니다. 주말을 해인사에서 지내면서 나는 천 년의 전통을 배웠습니다. 달력의 빨간 날이 휴일이 아니라 큰스님 제삿날이 휴일인 것도 재밌었지만, 무엇보다도 나를 붙들었던 것은 스님들의 경전 외는 소리였습니다.

경전 공부는 어디서나 외는 것이 일차적인 공부입니다. 하나님의 말씀(로고스)은 살아 있고 운동력이 있다고 하지 않나요. 경전을 외다 보면 로고스가 몸에 붙습니다. 살아 움직이는 로고스가 몸에 붙으면 무엇보다 스스로를 믿지 못해 안절부절못하던 시절이 저만치 멀어져 가고, 진리가 어떻게 '나'를 자유롭게 하는지 어렴풋이 알게 됩니다.

경전을 욀 때는 우선은 자기 목소리를 듣게 됩니다. 자기 목소리를 듣다 보면 함께 경전을 외는 다른 이의 목소리도 귀 기울여 듣게 됩니다. 그러고 나면 저절로 화음이 이뤄지는 것입니다. 소리는 정직합니다. 사람이 경박하면 소리도 경박합니다. 겉치레가 많은 사람의 소리는 꾸밈이 많아 오래 듣기 불편합니다. 그렇지만 백 번 천 번 외다 보면 소리가 사람을 바꿉니다. 소리가 내 빈 곳과 맺힌 곳에 울리면서 사람을 바꾸는 거지요.

자기 목소리에는 치유력이 있습니다. 자기 목소리를 듣다 보면 내 아픈 곳과 허기진 곳이 반응합니다.

《지혜서》를 한번 소리 내서 읽어 보시지요. 책이 필요 없을 정도로 암기해 보시고 혼자 자꾸자꾸 암송해 보시면 그것이 암기법이 아니라 명상법인 이유를 알게 될 것입니다.

두려움이
가득하면 출구가
보이지 않는다

열차는 달려야 하지만 달리는 것이 목적이 아닙니다. 정거장에서 멈춰 사람을 가고 싶은 곳으로 가게 해야 합니다. 그런데 '설국열차'는 왜 멈출 줄 모르지요? 정거장이 없는 열차, 멈출 수 없는 열차는 무엇을 닮았기에 이리도 익숙할까요?

영화 〈설국열차〉, 분명히 계급투쟁을 연상시킵니다. 어느 프로그램에서 1970년대, 80년대도 아닌데 시대에 맞지도 않고 메시지도 과잉이라며 별점 하나, 둘을 주는 용감한(?) 패널들의 이야기를 들은 직후 영화를 봤습니다. 그렇게 말하는 패널들은 〈설국열차〉를, 꼬리 칸 계급이 봉기를 일으켜 헤게모니를 장악하려 하는 마르크시즘적 영화로만 본 거지요?

영화관이 꽉 찼습니다. 시대에 맞지 않는다면 관객이 왜 그렇게 모여들까요? 칸칸이 구분된 설국열차는 잘난 사람 잘난 대로 살고 못난 사람 못난 대로 사는, 우리 사는 세상의 축소판입니다. 잘난 사람들의 안정된 세상은 못난 사람들의 분노와 저항이 무서워 망치와 도끼로 지키는 위태로운 세상이었습니다.

그런데 잘난 사람들이 탄 칸, 보셨지요. 깨끗하고 풍요롭지만 당당한 인간다움이나 덧정은 없고, 목소리 높은 사람은 있으나 혼이 있는 인간은 없습니다. 그렇게 생각도 없고 혼도 없는 삶을 살겠다고 목숨 바쳐 계급투쟁에 나서는 것은 아닐 겁니다.

영화를 보는 내내 생각난 인물은 마르크스가 아니라 푸코였습니다. 《감시와 처벌》의 저자 푸코는 권력의 해부학자라고까지 불립니다. 그에 따르면 권력은 삶의 외부에 존재하는 강제력이 아니라 삶의 내부에서 인간을 점령해서 인간을 제조하고 조립하는 힘입니다. 푸코는 사회 여러 층에 퍼져 있는 권력에 주목하면서 그 권력들이 스크럼을 짜고 효율적으로 얽혀 있는 생산적 관계를 총체적으로 파악합니다. 저항권이 권리임에도 권력에 대한 저항이 어려운 이유는 바로 그 효율성과 생산성 때문인 것입니다.

누구나 정해진 자리가 있다고 선포하는 〈설국열차〉를 보십시오. 생존에 적합한 효율적 방식으로 칸을 나누고 승객들을 통제하고 있지요. 먹는 음식에서 믿음의 체계까지 기차 권력이 주도합니다. 웃기지 않으셨습니까? 제자리를 지키라고, 분수를 알라고, 너희들의 운명은 꼬리 칸이라고 경고하는 틸다 스윈턴의 말! 그건 시인과 촌장의 노랫말처럼 '모든 것이 제자리를 찾아가는' 아름다운 풍경인 것이 아니라 숨 막히는 감시 시스템입니다. 분수가 아니라 모멸인 거지요.

그런데 왜 그런 모멸이 용인되지요? 기차 밖으로 나가면 얼어 죽는다는 믿음 때문 아닙니까? 그 믿음 체계가 통제와 감시, 그리고 처벌을 가능하게 하는 기반인 거지요. 푸코에 따르면 그 믿음 체계, 지식 체계까지 권력입니다. 생존에 목을 맨 사람들이 생존하고 싶은 열망을 강하게 드러내며 통제에 길들수록 권력은 그들을 착취하면서 시혜를 베푼다고 느끼는 것입니다. 바퀴벌레로 만든 음식을 주면서 말입니다.

엄마도, 음식도 기억하지 못하는 세상, 설국열차에서의 저항은 바로 그 감시와 통제로부터의 자유입니다. 그것은 그동안 두려움의 대상이어서 보고 있어도 보지 않았던 기차 밖, 눈의 나라 설국을 바라보고 희망을 품을 때 가능한 것입니다.

왜 그동안은 눈을 들어 기차 밖을 보지 못했을까요? 왜 기차 밖으로 나갈 수 있다고 생각하지 못했을까요? 기차 밖으로 나가면 얼어 죽을 것이라는 두려움 때문에 문을 벽으로 인식한 것입니다. 보고 있어도 보지 못했던 시간, 불안과 두려움에 저당 잡혀 있던 시간을 똑바로 응시해야 문이 보이고, 밖이 보이고, 마침내 열차를 세울 수 있습니다. 설국나라의 백곰을 만날 수 있습니다.

내가
다람살라에서
발견한 것

여기는 달라이 라마의 땅, 다람살라입니다. 히말라야가 병
풍처럼 달라이 라마의 사원과 왕궁을 지키고 있습니다. 티베
트 망명정부가 있는 그곳은 지금도 델리에서 기차를 타고 14
시간이나 가야 합니다. 그 오지, 히말라야 산자락에 세계 곳
곳에서 사람들이 몰려드는 건 영혼의 스승 달라이 라마가 있
기 때문입니다.

일주일 전 다람살라를 찾았을 때 달라이 라마는 거기 없었
습니다. 사람들의 말이 무문관에 들어 계시다고 했습니다. 왕
이 무문관에 들어 수행하고 있다는 말이 얼마나 낯설고 신선
했는지요. 나는 달라이 라마가 계시지 않는 달라이 라마의 사
원, 남걀 사원에서 매일 코라를 돌고 돌고 또 돌았습니다.

코라는 순례길을 돌며 기도를 하는 것입니다. 누군가는 염불을 하고 누군가는 천천히 돌기만 합니다. 누군가는 오체투지를 합니다. 저들은 도대체 무엇을 빌고 있는 것일까요? 그 모두를 단순히 기복신앙이라 무시할 수 없는 것은 그들의 태도에서 안정감과 행복감을 봤기 때문입니다. 어리거나 나이 들었거나, 여자거나 남자거나, 스님이거나 일반인이거나, 옷을 잘 입었거나 누더기를 걸쳤거나 거기에선 차별이 없었습니다. 달라이 라마를 삶의 자긍심으로 삼고 희망으로 삼고 등불로 삼고 있는 그들에게 라마의 사원에서 코라를 도는 그 행위는 거듭거듭 삶을 정화하는 행복한 일상입니다.

처음에 나는 이 사원과 왕궁을 보고 너무나 놀랐습니다. 그래도 명색이 달라이 라마의 사원이고 왕궁인데, 시멘트 바닥에, 1980년대 우리 산촌의 초등학교 건물 같은 그 사원의 겉모습은 소박하다 못해 초라했기 때문입니다. 그러나 그 사원에서 벌어지는 일들은 매일매일 신선합니다.

하루는 오전 6시에 코라를 도는데, 내 앞에서 코라를 돌던 나이 드신 스님이 갑자기 멈춰 서더니 바닥을 들여다보고 있는 것입니다. 자연스레 내 시선도 따라갑니다. 비를 피해 사원 안으로 기어든 벌레 한 마리가 시멘트 바닥에서 길을 잃고 있었습니다. 스님은 자신의 염주로 벌레에게 울타리를 만들어 주더니 손가락으로 벌레를 들어 큰 나무 아래 폭신한 흙 위에 벌레를 내려놓습니다. 그림이 그려지나요? 그곳의 분위기가.

거기 작은 서점 입구에 적혀 있는 달라이 라마의 말씀 또한 그대로 그들의 일상입니다.

"우리는 웅장한 사원이나 복잡한 철학이 필요치 않습니다. 우리의 머리와 심장이 우리의 사원이고, 온유함이 우리의 철학입니다."

8월에 다람살라는 우기입니다. 매일매일 비가 내립니다. 천둥 번개가 치고 앞이 보이지 않을 정도로 퍼붓는 장대비부터 안개비까지, 도무지 맑은 날씨를 보지 못했습니다. 날이 맑으면 히말라야 설산의 정상까지 그대로 보인다는 말만 들었습니다.

그런데 그 금요일, 새벽부터 날이 청명합니다. 사람들이 말하길, 달라이 라마가 무문관 수행을 마치고 왕궁으로 돌아오는 날이라고 합니다. 그날 처음으로 히말라야 설산이 햇빛에 빛나는데, 세상에, 그 아름다운 광경을 뭐라고 표현할 수 있을까요? 그야말로 거기가 세상의 중심입니다. 길거리에는 사람들이 설레는 마음으로 지혜로운 왕을 환영하며 합장을 하고, 그들을 향한 달라이 라마의 미소가 사람들의 미소로 번져 나갑니다.

그 날씨는 우연이었겠지요. 어쨌든 그날이 내가 보름 동안 다람살라에서 유일하게 본 맑고 청명한 한나절이었습니다. 나는 생각합니다. 히말라야가 달라이 라마의 무문관 수행을 기뻐하며 달라이 라마를 기다리는 사람들과 함께 설레는 마음으로 달라이 라마를 기다린 것이라고. 그곳은 아직도 상징과 은유가 살아 움직이는 신화의 나라니까요.

운명은 왜 하필 아픈 상처를 건드리는가

운명이란 언제나 가장 아픈 상처만을 건드린다면서요?

스페인 철학자 발타사르 그라시안의 말입니다. 운명이 아픈 상처만을 건드리는 이유는 그 상처가 그를 돕는 손이기 때문이겠지요. 상처는 그 사람의 특이하고도 고유한 사명을 일깨우는 희생제단일지도 모릅니다.

운보 김기창 선생의 아픈 상처는 듣지 못하게 됐다는 것일 겁니다. 장티푸스에 걸린 어린아이를 위해 외할머니가 달여 준 산삼 때문이었습니다. 열이 많은 아이에게 열을 더했으니 열에 끓게 된 거지요. 모두들 죽는다고 했는데, 죽을 거라 포기한 아이가 살아납니다. 얼마나 기뻤을까요. 그러나 기쁨도 잠시, 다시 태어난 아이는 듣지 못했습니다. 지옥에서 청력을 바치고 살아온 거지요.

운보 탄생 100주년이던 2013년에 열린 운보 기념전이 인상적이었습니다. 부암동 서울미술관에서 열린 기념전의 주제는 '예수와 귀먹은 양'이었습니다. 귀를 희생하여 새로운 세상을 창조한 운보와, 희생양이 되어 세상을 구원한 예수를 오버랩시킨 거지요.

운보는 6·25전쟁 중에 죽은 예수의 꿈을 꿉니다. 피바람 몰아치는 전쟁터에서 죽은 예수를 안고 통곡하는 꿈이었습니다. 젊은 몸, 신성한 생명, 아름다웠던 남자의 죽음에 애가 끊어져 목 놓아 울었을 것입니다. 평생을 잊지 못했던 그 생경한 꿈은 그의 인생의 '아리아드네 실'(그리스 신화에서 테세우스가 미로를 빠져나오기 위해 사용한 실)이었겠지요? 비천하게 죽었으나 비천하지 않고, 죽었으나 죽음으로도 세상을 다 밝힌 멋진 남자의 생애를 그리며 자존감을 회복해 갔을 터였습니다.

그도 그럴 것이 전쟁 중에 그가 그린 예수의 생애는 서양의 어떤 그림보다도 색이 맑고 담백합니다. 서양 미술사에서 모두들 숨이 멎는 것 같다고 표현한 〈수태고지〉는 얀 판에이크의 〈수태고지〉입니다. 워싱턴 국립 미술관의 심장이라 하는 그림입니다. 판에이크의 〈수태고지〉를 빛나게 하는 것 중에 눈높이가 있습니다. 천사와 마리아의 눈높이를 맞춤으로

써 판에이크는 하늘의 천사와 이 땅의 마리아가 거역할 수 없는 주종관계가 아니라 수평의 온화한 관계라고 해석한 것입니다.

1950년 운보가 판에이크의 〈수태고지〉를 봤을 리 없습니다. 그럼에도 운보의 〈수태고지〉도 천사와 마리아의 눈높이가 맞습니다. 수태를 알리는 천사도 서양의 천사가 아니라 동양의 선녀입니다. 그 선녀의 하강이 부드럽고 호젓하게 표현되어 있습니다.

마리아는 어떤가요? 댕기 드리운 마리아는 다소곳이 앉아 방 안에서 물레질을 하고 있다가 수태 소식을 듣습니다. 처녀가 아이를 가지면 평생 손가락질을 당해야 하는 나라에서 아이를 배 속에 두고 물레를 돌리며 실을 자을 수 있는 처녀는 크나큰 운명의 바람에 휘청거리며 비틀릴 처자는 아닌 거지요? 그녀는 운명에 쓸려 자포자기하는 여인이 아니라 운명을 온전히 받아들임으로써 내 안의 신성, 소중한 아이를 온전히 지킬 수 있는 신의 어머니입니다.

운보의 〈예수의 일생〉 30점은 단순히 한국화했다는 평가로는 부족합니다. 그것은 이 생에서 우리가 잉태해야 할 소중한 태양을 느끼고 사랑한 존재의 그림들이니까요.

늑대에게 배운
사랑

개를 키울 수도 있고, 개보다는 야성이 강하지만 고양이를 키울 수도 있습니다. 물고기를 키울 수도 있고, 토끼를 키울 수도 있습니다. 그런데 늑대도 키울 수 있을까요?

무슨 인연인지 늑대를 기르는 사람이 있었습니다. 10년 이상을 늑대와 동고동락한 그는 마이애미 대학에서 철학을 가르치는 마크 롤랜즈입니다. 그는 늑대를 위해 늑대가 뛰어다닐 수 있는 정원이 있는 집을 구했고, 혼자 두면 살림살이를 초토화하는 심술의 뜻을 알아차리고 혼자 두지 않았습니다. 그 덕에 철학 강의를 들어야 했던 늑대는 강의실에서 인기짱이었답니다. 늑대를 두려워하지 않고 늑대를 이해하고 있어 늑대와 공존할 수 있는 방법을 찾아낸 겁니다.

마크 롤랜즈는 사람을 좋아하지 않았다고 합니다. 어쩔 수 없이 사람을 만나야 할 때면 어색한 분위기를 감추기 위해 술만 마셨다지요. 그런 사람이 사람에 대해서 무슨 관심이 있었겠습니까. 그랬던 그가 늑대 브레닌과 함께 살기 시작하면서 진정으로 타자에 대해 관심을 갖게 되었습니다. 그는 자신의 책 《철학자와 늑대》에 이렇게 쓰고 있습니다.

"늑대에게 중요한 것은 섹스나 어떤 종류의 감정이 아니다. 인간과 달리 늑대는 감정을 좇지 않는다. 그들은 토끼를 쫓는다."

야생동물에게 본능은 사냥이었습니다. 그들은 결과에 관계없이 사냥할 때의 긴장감과 고통을 즐긴다네요.

한 집에서 함께 뒹굴고 살면서 정이 든 늑대를 죽음으로 떠나보내며 마크가 느끼는 감정은 가족을 떠나보낸 자의 상실감이었습니다. 그는 늑대를 통해 관심을 배우고, 배려를 배우고, 사랑을 배우고, 상실을 배웠습니다.

늑대에 대한 그의 태도를 보며 나는 내게 자문합니다. 자연에서 온 인간이 자연에서 온 다른 종과 우정을 맺고 아낄 수 있다는 사실에 왜 내가 놀라고 있는지….

그동안 우리는 인간의 벽에 갇혀 살았던 겁니다. 사랑하는 순간 그 벽은 창이 될 수 있고, 그 창을 통해 우리의 세계가 확장될 수 있다는 걸 나는 그를 통해 배웠습니다. 그에게 분명 브레닌은 하나의 세계, 하나의 우주였습니다.

한 영혼은 하나의 세계, 하나의 우주라고 합니다. 당신은 주변의 그 사람을, 우주를 주고도 바꿀 수 없는 영혼이라 믿나요? 혹 신이 있다면 저 자식은 지옥에 떨어지는 게 당연해, 그렇게 믿고 싶지는 않았는지요.

남에 대해서 소중한 존재라 느껴본 적 없는 사람이 자신만 소중하다고 껴안고 있으면 그는 우주적인 영혼이 아니라 이기적인 사람입니다. 그런데 내가 나를 하나의 세계, 하나의 우주라고 진짜로 믿고 있으면 나와 인연이 있는 그 사람도 우주라 믿을 수 있습니다. 자연스럽게.

인연은 참 신비합니다. 비슷한 시기에 태어나 가족으로 얽히고, 친구로 세계관을 공유하고, 함께 살면서 서로가 서로에게 영향을 끼칩니다. 그 인연들은 연결되어 있어서 그 힘들이 돌고 돌다 결국은 자신에게로 돌아옵니다. 늑대에 대한 사랑으로 세상을 사랑하게 된 롤랜즈처럼 말입니다.

사실 이기적인 것은 나쁜 것이라고 아무리 얘기해도 우리는 이기적입니다. 나는 생각합니다. 삶이 연결되어 있고, 내가 세상에 행한 행동은 모두 나에게로 돌아온다는 걸 깨닫지 않고 이기심의 감옥에서 나올 수 있는 방법은 없다고 말입니다.

참/고/한/ 책/들

칼 세이건, 홍승수 옮김, 《코스모스》, 사이언스북스, 2004

알베르 카뮈, 김화영 옮김, 《이방인》, 민음사, 2011

알베르 카뮈, 김화영 옮김, 《페스트》, 민음사, 2011

헨리 데이비드 소로, 한기찬 옮김, 《월든》, 소담출판사, 2002

헨리 데이비드 소로, 강승영 옮김, 《시민의 불복종》, 이레, 1999

캐런 킹스턴, 최지현 옮김, 《아무것도 못 버리는 사람》, 도솔, 2010

쇠얀 키에르케고르, 임춘갑 옮김, 《공포와 전율》, 치우, 2011

오승은, 서울대 서유기번역연구회 옮김, 《서유기》, 솔, 2004

파드마삼바바, 류시화 옮김, 《티베트 사자의 서》, 정신세계사, 1995

요한 볼프강 괴테, 정서웅 옮김, 《파우스트》, 민음사, 1999

파울로 코엘료, 임두빈 옮김, 《포르토벨로의 마녀》, 문학동네, 2007

톨스토이, 맹은빈 옮김, 《전쟁과 평화》, 동서문화사, 2008

노자, 오강남 풀이, 《도덕경》, 현암사, 1999

최진석, 《노자의 목소리로 듣는 도덕경》, 소나무, 2001

노자, 황병국 옮김, 《노자 도덕경》, 범우사, 2001

김용운, 《풍수화》, 맥스미디어, 2014

이기동, 《서경강설》, 성균관대학교 출판부, 2011

유교문화연구소, 《서경》, 성균관대학교 출판부, 2011

주희, 유청지 엮음, 윤호창 옮김, 《소학》, 홍익출판사, 2005

플라톤, 황문수 옮김, 《소크라테스의 변명, 크리톤, 파이돈, 향연》, 문예출판사, 1999

사마천, 연변대학 고전연구소 편역, 《사기열전》, 서해문집, 2006

정비석, 《초한지》, 범우사, 2003

호메로스, 천병희 옮김, 《일리아스》, 숲, 2007

나관중, 황석영 옮김, 《삼국지》, 창비, 2003

이현주, 《바가바드기타》, 삼인, 2010

니코스 카잔차키스, 박석일 옮김, 《성 프란치스코》, 동서문화사, 2014

톨스토이, 연진희 옮김, 《안나 카레니나》, 민음사, 2009

니체, 이진우 옮김, 《비극의 탄생》, 책세상, 2005

플라톤, 최현 옮김, 《소크라테스의 대화록》, 집문당, 1997

이현세, 《삼국지》, 녹색지팡이, 2013

정약용, 다산연구회 편역, 《정선 목민심서》, 창비, 2005

아우렐리우스, 최현 옮김, 《명상록》, 범우사, 2004

톨킨, 김번, 김보원, 이미애 옮김, 《반지의 제왕》, 씨앗을뿌리는사람, 2007

미셸 푸코, 오생근 옮김, 《감시와 처벌》, 나남, 2003

마크 롤랜즈, 강수희 옮김, 《철학자와 늑대》, 추수밭, 2012

이제는 '나'를 믿고 내게 시간을 허락해보렵니다.
'나'를 온전히 받아들일 시간, '나'를 좋아할 시간!

침묵 속으로, 어둠 속으로 들어가
자기 뿌리를 돌보는 시간,
그 시간이 우리를 거듭나게 합니다.